Klasse 7-10

Bandi Koeck

Grundwissen Ethik

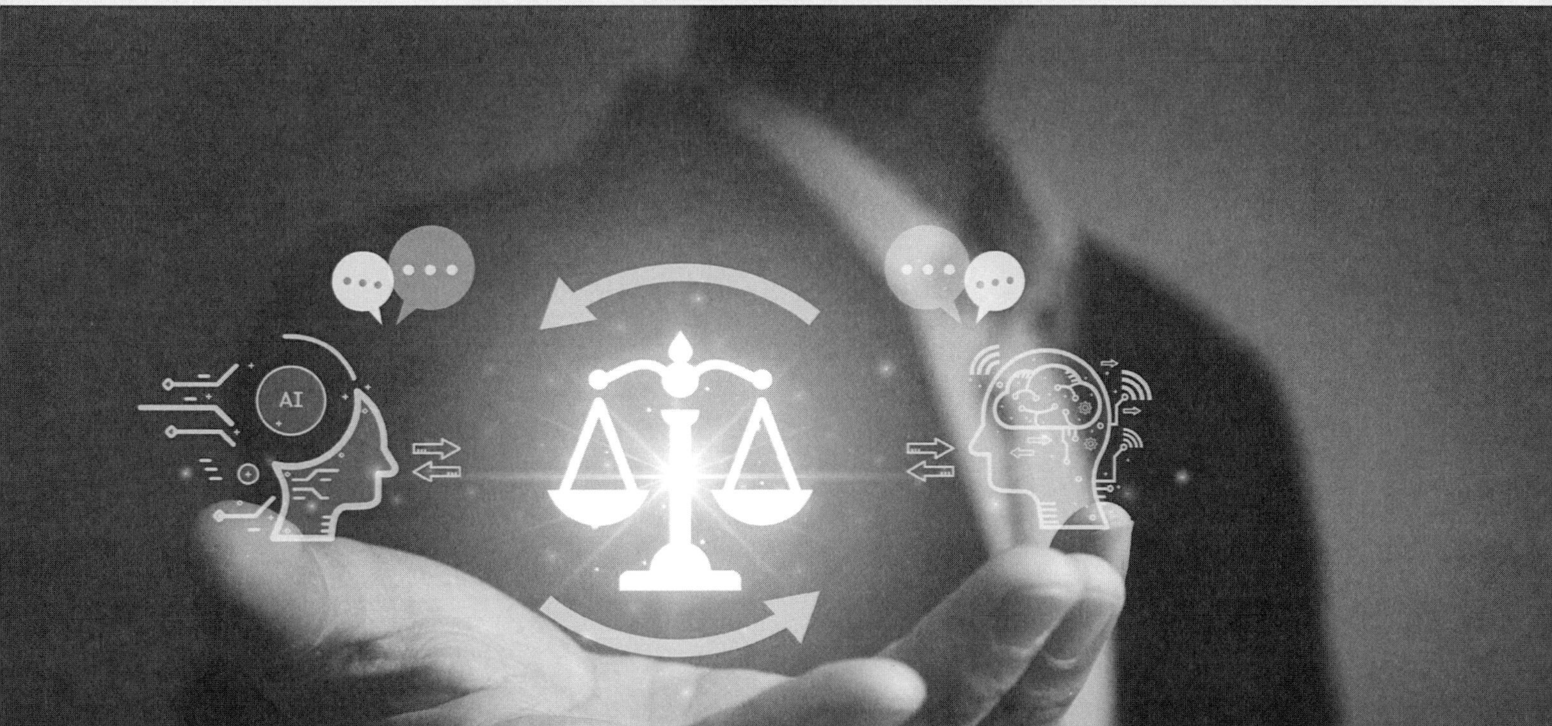

Entwicklung von Wertvorstellungen und Überzeugungen

Grundwissen Ethik

Klasse 7-10

10. Auflage 2026

Inhalt: Bandi Koeck
Coverbilder: © Suriya & volondoff - AdobeStock.com
Redaktion: Kohl-Verlag
Grafik & Satz: Kohl-Verlag
Druck: farbo prepress GmbH, Köln

Bestell-Nr. 11 779

ISBN: 978-3-95686-768-2

Kontakt: Kohl-Verlag, An der Brennerei 37-45, 50170 Kerpen
Tel: +49 2275 331610, Mail: info@kohlverlag.de

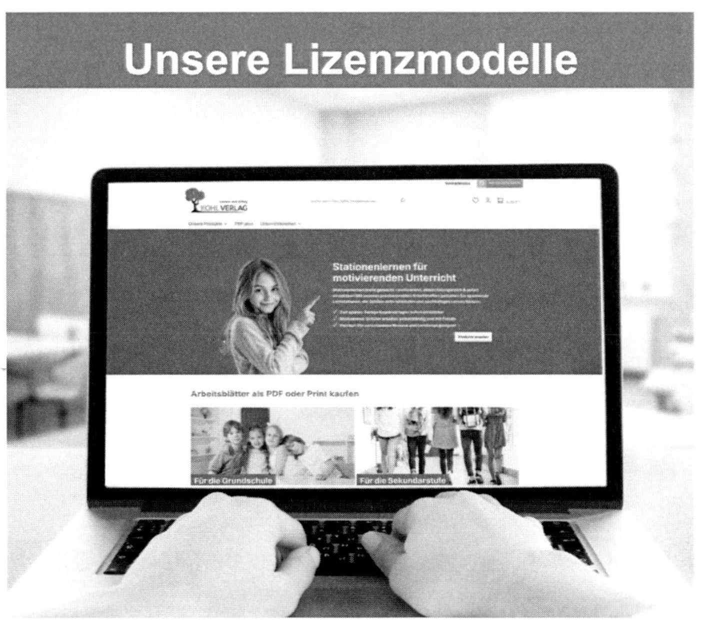

Der vorliegende Band ist eine Print-Einzellizenz

Sie wollen unsere Kopiervorlagen auch digital nutzen? Kein Problem – fast das gesamte KOHL-Sortiment ist auch sofort als PDF-Download erhältlich! Wir haben verschiedene Lizenzmodelle zur Auswahl:

	Print-Version	PDF-Einzellizenz	PDF-Schullizenz	Kombipaket Print & PDF-Einzellizenz	Kombipaket Print & PDF-Schullizenz
Unbefristete Nutzung der Materialien	x	x	x	x	x
Vervielfältigung, Weitergabe und Einsatz der Materialien im eigenen Unterricht	x	x	x	x	x
Nutzung der Materialien durch alle Lehrkräfte des Kollegiums an der lizensierten Schule			x		x
Einstellen des Materials im Intranet oder Schulserver der Institution			x		x

Die erweiterten Lizenzmodelle zu diesem Titel sind jederzeit im Online-Shop unter www.kohlverlag.de erhältlich.

Inhalt

Vorwort

Liebe Kolleginnen und Kollegen,

Ethik ist sowohl in Deutschland und Österreich aber auch in der Schweiz und im Fürstentum Liechtenstein ein relativ neues Unterrichtsfach, das viele Lehrpersonen vor neue und bislang ungeahnte Herausforderungen stellt.

Genau diesem Ansatz möchte dieses Buch gerecht werden und ein Praxiswissen zur Verfügung stellen, welches inhaltlich sowohl Merktexte und Fakten, aber auch zahlreiche Arbeitsblätter, Testvorlagen sowie ausgeklügelte und praxiserprobte Unterrichtsideen für den Einsatz in der Sekundarstufe I bieten soll. Dieser wertvolle Begleiter kann zudem auch fächerübergreifend in Deutsch, Freiarbeit und Klassenlehrerstunde oder etwa im Geschichts- und Geografieunterricht eingesetzt werden.

Viele der Themen und Arbeitsblätter dienen als Input und Anregung – der Fantasie sind somit keine Grenzen gesetzt und daher eignen sich die Inhalte auch sehr gut zur Adaption in homogenen Klassen wie auch für Vertretungsstunden.

Viel Freude und Erfolg beim Einsatz des vorliegenden Buches wünschen Ihnen das Kohl-Verlagsteam und

Bandi Koeck

Über den Autor:

Bandi Romeo Koeck - geboren am 28. Oktober 1980 in Feldkirch/Österreich, glücklich verheiratet und Vater von drei Kindern, schreibt, seitdem er schreiben gelernt hat. Er unterrichtete in Österreich, der Schweiz, Liechtenstein und Spanien und arbeitete zudem als Jugendleiter in der offenen Jugendarbeit sowie als Trainer für Jugendaustausche und EU-Projekte. Die dort gesammelten Erfahrungen sind für ihn von unschätzbarem Wert. Auf seinen unzähligen Reisen an alle Ecken und Enden der Erde bekommt er immer neue Inspiration für seine Bücher. Mehr von ihm unter ***www.bandikoeck.com***.

Didaktische Überlegungen

Dieses Buch stellt ein Kompendium her, welches lehrplankonform die wichtigsten Themenbereiche eines modernen und schülergerechten Ethikunterrichts behandelt. Die aufgeführten Inhalte wurden allesamt mit mehreren Klassen in der Unterrichtspraxis erprobt, erweitert und angepasst. Ein großes Augenmerk wird natürlich der wertfreien Vermittlung der einzelnen Weltreligionen – welches auf Wissen und nicht auf Religiosität oder Glauben abzielt – gelegt. Aber auch gesellschaftliche ethische Themen wie die (Kinder)Menschenrechte oder die Frage nach Glück werden auf den folgenden Seiten behandelt. Der Einsatz im Unterricht kann entsprechend den Kapiteln oder aber auch auszugsweise erfolgen.

Ziele:

- Ethische Kompetenzen erwerben
- Werte und Normen reflektieren
- Verantwortung übernehmen und Solidarität entwickeln
- Der Mitwelt Sorge tragen
- Unterschiedliche Glaubensformen kennen
- Nach dem Sinn des Lebens fragen

Themenbereiche:

Beispiel einer Dreijahresplanung:

1. JAHR	2. JAHR	3. JAHR
Identität		
Leben mit Zielen	Sehnsucht	Freundschaft und Liebe
Selbstfindung	Achtsamkeit	Grenzerfahrungen
Meinungsbildung	Freiheit/Abhängigkeit	
Zusammenleben		
Umgangsformen	Wahrheit/Lüge	Menschenrechte
Goldene Regel	Werte	Rassismus und Diskriminierung
	Sterben und Tod	Genderfrage
Weltverantwortung		
Welt- und Menschenbilder	Gewalt/Gewaltlosigkeit	Konsum
Gerechtigkeit/Ungerechtigkeit	Krieg und Frieden	Nachhaltige Zukunft
Reichtum und Armut		gesellschaftliches Engagement
Weltanschauung		
Symbole	Islam	Atheismus
Judentum	Hinduismus	Weitere Religionsgemeinschaften
Christentum	Buddhismus	Weltanschauungen

Grundwissen Ethik
Entwicklung von Wertvorstellungen und Überzeugungen / Klasse 7-10 - Bestell-Nr. 11 779

Didaktische Überlegungen

Symbolerklärungen zu den Arbeitsaufträgen:

Niveaustufen:

- ⊙ **G = grundlegendes Niveau**
- ! **M = mittleres Niveau**
- ✶ **E = erweitertes Niveau**

Arbeitsart und -weise:

- **lesen/betrachten**
- **schreiben/ausfüllen**
- **Verfassen eines Briefes**
- **Einzelarbeit/-wortmeldung**
- **Partnerarbeit/-diskussion**
- **Gruppenarbeit/-diskussion**
- **Projektarbeit**

1 Ethische Grundbegriffe

Aufgabe 1: *Ordne die einzelnen Begriffe aus dem Kasten an der richtigen Stelle dem Text zu.*

Anarchie – Ethos – Frieden – Gesetz – Humanität – Menschenrechten – Moral – Rechtsstaat – Verantwortungsbewusstsein – Weltfrieden – Würde – Zusammenleben

In einem _ _ _ _ _ _ _ _ _ _ _ _ wie Deutschland, Österreich oder der Schweiz darf man nicht das tun, was man möchte, sondern muss sich nach dem _ _ _ _ _ _ richten – alles andere käme der _ _ _ _ _ _ _ _ _ gleich. Das Gegenteil von Krieg nennt man _ _ _ _ _ _ _ _. Viele Menschen träumen vom _ _ _ _ _ _ _ _ _ _ _ _ , von dem wir leider aufgrund von vielen Kriegen, Krisenherden und Konfliktzonen weit entfernt sind. Der Ausdruck _ _ _ _ _ bezeichnet eine vom Bewusstsein sittlicher Werte geprägte Gesinnung. _ _ _ _ _ hingegen bezeichnet die faktischen Handlungsmuster bestimmter Gruppen oder Kulturen. Pflicht- und _ sind soziale Emotionen, welche instinktiv, intuitiv oder auch anderweitig unbewusst wahrgenommen werden und für ein menschliches _ _ _ _ _ _ _ _ _ _ _ _ _ _ _ von immenser Wichtigkeit sind. _ _ _ _ _ _ _ _ _ _ ist nichts anderes als Menschlichkeit, also das was Menschen zugehörig oder eigen ist. Dazu gehört ganz sicher die _ _ _ _ _ eines jeden Menschen, welche sich auch bei den _ _ _ _ _ _ _ _ _ _ _ _ _ _ _ _ wiederfindet, die in der Charta der Vereinten Nationen festgelegt wurden.

Grundwissen Ethik
Entwicklung von Wertvorstellungen und Überzeugungen / Klasse 7-10 – Bestell-Nr. 11 779
KOHL VERLAG

2 ETHIKETTE – Moralische Prinzipien für junge Menschen on- und offline

„Höflichkeit und gute Sitten machen wohlgelitten!"
„Höflichkeit kostet nichts!" (Volksmund)

Eine Etikette ist ein Verhaltensregelwerk, das sich auf zeitgenössische traditionelle Normen beruft und das die Erwartungen an das Sozialverhalten innerhalb gewisser sozialer Kreise beschreibt. Solche Benimmregeln gibt es auch online etwa in Chats oder bei sozialen Netzwerken – wer sich nicht daran hält, wird von anderen Usern gemeldet und etwa aus einem Chatroom verwiesen oder gar gesperrt. Ohne eine Etikette wie z.B. Knigge würde soziales Zusammenleben kaum funktionieren – unhöfliche Menschen gelten als unbeliebte Zeitgenossen und müssen oft eines Besseren belehrt werden.

Beispiele für negative Eigenschaften:

- Intoleranz, Unzuverlässigkeit, Arroganz, Respektlosigkeit, Schlamperei, Nörgelei, Getratsche

Beispiele für positive Eigenschaften:

- Anstand, Offenheit, Menschlichkeit, Ehrlichkeit, Respekt, Toleranz, Höflichkeit, Pünktlichkeit

Beispiele für gute Manieren:

Grüßen, Bitte und Danke sagen, sich entschuldigen, zuvorkommend und hilfsbereit sein

Beispiele einer sogenannten „Netiquette":

Man sollte

- als Neuling im Chatraum erst einmal der Unterhaltung folgen und dann erst seine Meinung äußern,
- sich kurz fassen,
- andere Chatter mit Namen ansprechen, wenn man sich mit ihnen unterhalten will,
- anderen Chattern freundlich begegnen,
- NICHT NUR IN GROSSBUCHSTABEN SCHREIBEN, denn das wirkt wie lautes Schreien.

! **Aufgabe 1:**

Erarbeite in Partner- oder Gruppenarbeit „Zehn goldene Regeln" für eine Etikette, welche besonderen Wert auf Mitmenschlichkeit und respektvollen Umgang untereinander legt. Du kannst die Benimmregeln nach Wichtigkeit ordnen. Denk an deine Klassen- oder Schulordnung. Auf welche Punkte wird hier besonderes Augenmerk gelegt? Präsentiere dein Ergebnis auf einem Plakat, welches du zuvor ansehnlich gestaltet hast!

Zusatzaufgabe:

Besuche die Seite www.knigge.de im Internet. Wähle einen der Top-Artikel wie „die Tischmanieren", „Dresscode Einmaleins" oder „schwierige Speisen" aus und beschreibe mithilfe deiner zuvor gemachten Notizen stichwortartig einem deiner Mitschüler, was es Besonderes zu beachten gibt!

3 Menschenrechte verbildlichen

„Alle Menschen sind frei und gleich an Würde und Rechten geboren."

Info

Am 10. Dezember 1948 hat die Generalversammlung der Vereinten Nationen (UNO) in Paris die **Allgemeine Erklärung der Menschenrechte** genehmigt und verkündet. Menschenrechte sind Rechte, welche für alle Menschen überall auf der Welt gelten, ganz gleich welchen Geschlechts, Hautfarbe, Sprache, nationaler oder sozialer Herkunft, politischer Einstellung oder Religionszugehörigkeit. Neben dieser **Universalität** ist die **Unteilbarkeit** der Menschenrechte äußerst wichtig, das bedeutet, dass sie als Gesamtes gesehen werden müssen und in ihrer Gesamtheit Gültigkeit besitzen.

Menschenrechte sind in **30 Artikeln** festgelegt und reichen vom Verbot von Diskriminierung, Folter oder Sklaverei über die Versammlungsfreiheit, das Recht auf Bildung, Eigentum oder Arbeit bis zum Asylrecht oder zur Gewissens-, Glaubens- und Meinungsfreiheit. Die meisten Staaten haben die Menschenrechtserklärung unterzeichnet – dennoch gibt es in vielen Ländern (auch in den Unterzeichnerländern) **Menschenrechtsverletzungen**. Organisationen wie Amnesty International (AI) nehmen diese Verletzungen genau unter die Lupe und veröffentlichen jährlich einen Bericht darüber.

Aufgabe 1: *Wähle ein Menschenrecht, welches dich in besonderer Weise persönlich anspricht und versuche es grafisch umzusetzen und zu verbildlichen, denn ein Bild sagt bekanntlich mehr als tausend Worte. Die entstandenen Menschenrechts-Kunstwerke können später in deiner Klasse aufgehängt werden und sollen alle Menschen im Schulzimmer ständig daran erinnern, welche Menschenrechte es gibt und dass diese immer Gültigkeit haben!*

Artikel 1: Alle Menschen sind frei und gleich an Würde und Rechten geboren. Sie sind mit Vernunft und Gewissen begabt und sollen einander im Geist der Brüderlichkeit begegnen.

Artikel 2: Jeder hat Anspruch auf die in dieser Erklärung verkündeten Rechte und Freiheiten ohne irgendeinen Unterschied, etwa nach Rasse, Hautfarbe, Geschlecht, Sprache, Religion, politischer oder sonstiger Überzeugung, nationaler oder sozialer Herkunft, Vermögen, Geburt oder sonstigem Stand.

Artikel 3: Jeder hat das Recht auf Leben, Freiheit und Sicherheit der Person.

Artikel 4: Niemand darf in Sklaverei oder Leibeigenschaft gehalten werden; Sklaverei und Sklavenhandel sind in allen ihren Formen verboten.

3 Menschenrechte verbildlichen

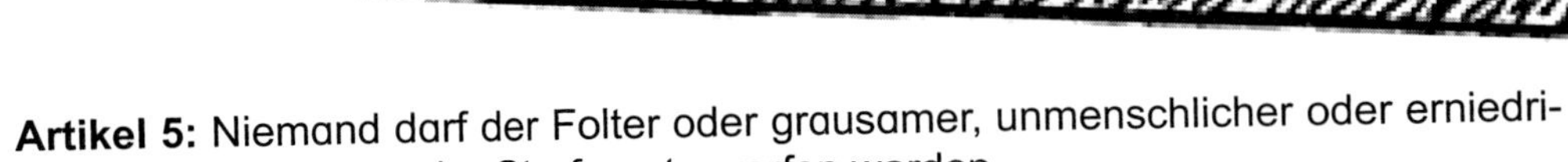

Artikel 5: Niemand darf der Folter oder grausamer, unmenschlicher oder erniedrigender Behandlung oder Strafe unterworfen werden.

Artikel 6: Jeder hat das Recht, überall als rechtsfähig anerkannt zu werden.

Artikel 7: Alle Menschen sind vor dem Gesetz gleich und haben ohne Unterschied Anspruch auf gleichen Schutz durch das Gesetz. Alle haben Anspruch auf gleichen Schutz gegen jede Diskriminierung, die gegen diese Erklärung verstößt, und gegen jede Aufhetzung zu einer derartigen Diskriminierung.

Artikel 8: Jeder hat Anspruch auf einen wirksamen Rechtsbehelf bei den zuständigen innerstaatlichen Gerichten gegen Handlungen, durch die seine ihm nach der Verfassung oder nach dem Gesetz zustehenden Grundrechte verletzt werden.

Artikel 9: Niemand darf willkürlich festgenommen, in Haft gehalten oder des Landes verwiesen werden.

Artikel 10: Jeder hat bei der Feststellung seiner Rechte und Pflichten sowie bei einer gegen ihn erhobenen strafrechtlichen Beschuldigung in voller Gleichheit Anspruch auf ein gerechtes und öffentliches Verfahren vor einem unabhängigen und unparteiischen Gericht.

Artikel 11: Jeder, der wegen einer strafbaren Handlung beschuldigt wird, hat das Recht, als unschuldig zu gelten, solange seine Schuld nicht in einem öffentlichen Verfahren, in dem er alle für seine Verteidigung notwendigen Garantien gehabt hat, gemäß dem Gesetz nachgewiesen ist.

Artikel 12: Niemand darf willkürlichen Eingriffen in sein Privatleben, seine Familie, seine Wohnung und seinen Schriftverkehr oder Beeinträchtigungen seiner Ehre und seines Rufes ausgesetzt werden. Jeder hat Anspruch auf rechtlichen Schutz gegen solche Eingriffe oder Beeinträchtigungen.

Artikel 13: Jeder hat das Recht, sich innerhalb eines Staates frei zu bewegen und seinen Aufenthaltsort frei zu wählen. Jeder hat das Recht, jedes Land, einschließlich seines eigenen, zu verlassen und in sein Land zurückzukehren.

Artikel 14: Jeder hat das Recht, in anderen Ländern vor Verfolgung Asyl zu suchen und zu genießen.

Artikel 15: Jeder hat das Recht auf eine Staatsangehörigkeit. Niemandem darf seine Staatsangehörigkeit willkürlich entzogen noch das Recht versagt werden, seine Staatsangehörigkeit zu wechseln.

Artikel 16: Heiratsfähige Frauen und Männer haben ohne Beschränkung auf Grund der Rasse, der Staatsangehörigkeit oder der Religion das Recht zu heiraten und eine Familie zu gründen. Sie haben bei der Eheschließung, während der Ehe und bei deren Auflösung gleiche Rechte. Eine Ehe darf nur bei freier und uneingeschränkter Willenseinigung der künftigen Ehegatten geschlossen werden. Die Familie ist die natürliche Grundeinheit der Gesellschaft und hat Anspruch auf Schutz durch Gesellschaft und Staat.

KOHL VERLAG Grundwissen Ethik Entwicklung von Wertvorstellungen und Überzeugungen / Klasse 7-10 – Bestell-Nr. 11 779

3 Menschenrechte verbildlichen

Artikel 17: Jeder hat das Recht, sowohl allein als auch in Gemeinschaft mit anderen Eigentum innezuhaben. Niemand darf willkürlich seines Eigentums beraubt werden.

Artikel 18: Jeder hat das Recht auf Gedanken-, Gewissens- und Religionsfreiheit; dieses Recht schließt die Freiheit ein, seine Religion oder Überzeugung zu wechseln, sowie die Freiheit, seine Religion oder Weltanschauung allein oder in Gemeinschaft mit anderen, öffentlich oder privat durch Lehre, Ausübung, Gottesdienst und Kulthandlungen zu bekennen.

Artikel 19: Jeder hat das Recht auf Meinungsfreiheit und freie Meinungsäußerung; dieses Recht schließt die Freiheit ein, Meinungen ungehindert anzuhängen sowie über Medien jeder Art und ohne Rücksicht auf Grenzen Informationen und Gedankengut zu suchen, zu empfangen und zu verbreiten.

Artikel 20: Alle Menschen haben das Recht, sich friedlich zu versammeln und zu Vereinigungen zusammenzuschließen. Niemand darf gezwungen werden, einer Vereinigung anzugehören.

Artikel 21: Jeder hat das Recht, an der Gestaltung der öffentlichen Angelegenheiten seines Landes unmittelbar oder durch frei gewählte Vertreter mitzuwirken. Jeder hat das Recht auf gleichen Zugang zu öffentlichen Ämtern in seinem Lande. Der Wille des Volkes bildet die Grundlage für die Autorität der öffentlichen Gewalt; dieser Wille muss durch regelmäßige, unverfälschte, allgemeine und gleiche Wahlen mit geheimer Stimmabgabe oder in einem gleichwertigen freien Wahlverfahren zum Ausdruck kommen.

Artikel 22: Jeder hat als Mitglied der Gesellschaft das Recht auf soziale Sicherheit und Anspruch darauf, durch innerstaatliche Maßnahmen und internationale Zusammenarbeit sowie unter Berücksichtigung der Organisation und der Mittel jedes Staates in den Genuss der wirtschaftlichen, sozialen und kulturellen Rechte zu gelangen, die für seine Würde und die freie Entwicklung seiner Persönlichkeit unentbehrlich sind.

Artikel 23: Jeder hat das Recht auf Arbeit, auf freie Berufswahl, auf gerechte und befriedigende Arbeitsbedingungen sowie auf Schutz vor Arbeitslosigkeit. Jeder, ohne Unterschied, hat das Recht auf gleichen Lohn für gleiche Arbeit. Jeder, der arbeitet, hat das Recht auf gerechte und befriedigende Entlohnung, die ihm und seiner Familie eine der menschlichen Würde entsprechende Existenz sichert, gegebenenfalls ergänzt durch andere soziale Schutzmaßnahmen. Jeder hat das Recht, zum Schutz seiner Interessen Gewerkschaften zu bilden und solchen beizutreten.

Artikel 24: Jeder hat das Recht auf Erholung und Freizeit und insbesondere auf eine vernünftige Begrenzung der Arbeitszeit und regelmäßigen bezahlten Urlaub.

3 Menschenrechte verbildlichen

Artikel 25: Jeder hat das Recht auf einen Lebensstandard, der seine und seiner Familie Gesundheit und Wohl gewährleistet, einschließlich Nahrung, Kleidung, Wohnung, ärztliche Versorgung und notwendige soziale Leistungen gewährleistet sowie das Recht auf Sicherheit im Falle von Arbeitslosigkeit, Krankheit, Invalidität oder Verwitwung, im Alter sowie bei anderweitigem Verlust seiner Unterhaltsmittel durch unverschuldete Umstände. Mütter und Kinder haben Anspruch auf besondere Fürsorge und Unterstützung. Alle Kinder, eheliche wie außereheliche, genießen den gleichen sozialen Schutz.

Artikel 26: Jeder hat das Recht auf Bildung. Die Bildung ist unentgeltlich, zum mindesten der Grundschulunterricht und die grundlegende Bildung. Der Grundschulunterricht ist obligatorisch. Fach- und Berufsschulunterricht müssen allgemein verfügbar gemacht werden, und der Hochschulunterricht muss allen gleichermaßen entsprechend ihren Fähigkeiten offenstehen. Die Bildung muss auf die volle Entfaltung der menschlichen Persönlichkeit und auf die Stärkung der Achtung vor den Menschenrechten und Grundfreiheiten gerichtet sein. Sie muss zu Verständnis, Toleranz und Freundschaft zwischen allen Nationen und allen rassischen oder religiösen Gruppen beitragen und der Tätigkeit der Vereinten Nationen für die Wahrung des Friedens förderlich sein. Die Eltern haben ein vorrangiges Recht, die Art der Bildung zu wählen, die ihren Kindern zuteil werden soll.

Artikel 27: Jeder hat das Recht, am kulturellen Leben der Gemeinschaft frei teilzunehmen, sich an den Künsten zu erfreuen und am wissenschaftlichen Fortschritt und dessen Errungenschaften teilzuhaben. Jeder hat das Recht auf Schutz der geistigen und materiellen Interessen, die ihm als Urheber von Werken der Wissenschaft, Literatur oder Kunst erwachsen.

Artikel 28: Jeder hat Anspruch auf eine soziale und internationale Ordnung, in der die in dieser Erklärung verkündeten Rechte und Freiheiten voll verwirklicht werden können.

Artikel 29: Jeder hat Pflichten gegenüber der Gemeinschaft, in der allein die freie und volle Entfaltung seiner Persönlichkeit möglich ist. Jeder ist bei der Ausübung seiner Rechte und Freiheiten nur den Beschränkungen unterworfen, die das Gesetz ausschließlich zu dem Zweck vorsieht, die Anerkennung und Achtung der Rechte und Freiheiten anderer zu sichern und den gerechten Anforderungen der Moral, der öffentlichen Ordnung und des allgemeinen Wohles in einer demokratischen Gesellschaft zu genügen.

Artikel 30: Keine Bestimmung dieser Erklärung darf dahin ausgelegt werden, dass sie für einen Staat, eine Gruppe oder eine Person irgendein Recht begründet, eine Tätigkeit auszuüben oder eine Handlung zu begehen, welche die Beseitigung der in dieser Erklärung verkündeten Rechte und Freiheiten zum Ziel hat.

KOHL VERLAG Lernen mit Erfolg – Grundwissen Ethik – Entwicklung von Wertvorstellungen und Überzeugungen / Klasse 7-10 – Bestell-Nr. 11 779

3 Menschenrechte verbildlichen

Schülerarbeit: Das Recht auf Leben.

Schülerarbeit: Das Recht auf Familie.

Schülerarbeit: Das Recht auf Privatsphäre.

Grundwissen Ethik
Entwicklung von Wertvorstellungen und Überzeugungen / Klasse 7-10 – Bestell-Nr. 11 779
KOHL VERLAG

4 Welche Kindermenschenrechte sind für mich am wichtigsten?

Kinder und Jugendliche brauchen besonderen Schutz. Deshalb wurde 1989 die UN-Kinderrechtskonvention beschlossen. Jeder Staat verpflichtet sich mit der Unterzeichnung, dass diese Rechte auch eingehalten werden. Seit 2004 gibt es den Nationalen Aktionsplan für die Rechte von Kindern und Jugendlichen, der die Umsetzung der UN-Kinderrechtskonvention gewährleisten soll.

Der Originaltext besteht aus 54 Artikeln, die recht kompliziert sind und nicht kindgerecht formuliert wurden. Die UNICEF, die Kinderrechtsorganisation der Vereinten Nationen (UNO), fasst diesen 20-seitigen Text in zehn Grundrechten zusammen:

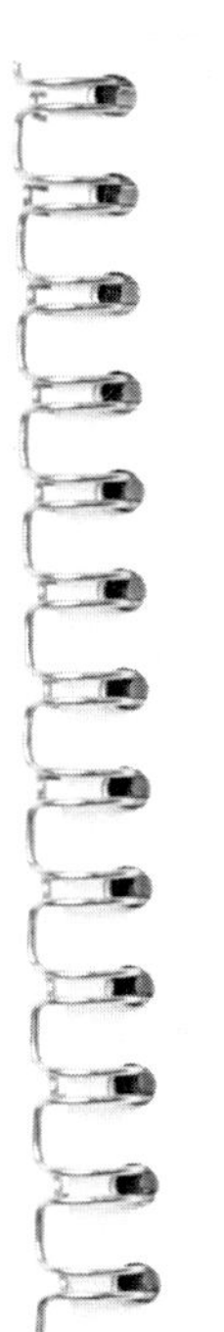

1. *Das Recht auf Gleichbehandlung und Schutz vor Diskriminierung unabhängig von Religion, Herkunft und Geschlecht.*
2. *Das Recht auf einen Namen und eine Staatszugehörigkeit.*
3. *Das Recht auf Gesundheit.*
4. *Das Recht auf Bildung und Ausbildung.*
5. *Das Recht auf Freizeit, Spiel und Erholung.*
6. *Das Recht, sich zu informieren, sich mitzuteilen, gehört zu werden und sich zu versammeln.*
7. *Das Recht auf eine Privatsphäre und eine gewaltfreie Erziehung im Sinne der Gleichberechtigung und des Friedens.*
8. *Das Recht auf sofortige Hilfe in Katastrophen und Notlagen und auf Schutz vor Grausamkeit, Vernachlässigung, Ausnutzung und Verfolgung.*
9. *Das Recht auf eine Familie, elterliche Fürsorge und ein sicheres Zuhause.*
10. *Das Recht auf Betreuung bei Behinderung.*

! **Aufgabe 1:**

In Partner- oder Gruppenarbeit diskutiert über die Wichtigkeit dieser Kindermenschenrechte. Findet für euch die fünf wichtigsten heraus und ordnet sie nach Wichtigkeit. Beantwortet anschließend folgende Fragen schriftlich und besprecht sie später im Plenum mit allen Gruppen:

a) *Gibt es Menschenrechte, die in eurem Heimatland wichtiger sind und solche, welche in anderen Teilen und Ländern der Welt wichtiger sind? Denkt an Indien, China, Nordkorea oder Kuba.*

b) *Was denkt ihr, gegen welche Kindermenschenrechte am meisten verstoßen wird?*

c) *Gibt es weitere Punkte, die in diese Charta aufgenommen werden müssten. Welche?*

d) *Was kann jeder einzelne von euch im Alltag tun, damit diese Rechte eingehalten werden?*

5 Glück – Was heißt das für mich?

Aufgabe 1: *Setze dich zuerst alleine und später zusammen mit einem Partner mit dem Thema Glück auseinander und führe die unten angeführten Überlegungen weiter.*

Glück ist für mich ___________________________________

Zum letzten Mal habe ich mich glücklich gefühlt, als ______________

____

Der Unterschied zwischen „glücklich sein" und „zufrieden sein" ist

____

Für mich ist Glück von folgenden Faktoren abhängig:

____

Unter Unglück oder Pech verstehe ich ______________________

____

Als kleines Kind habe ich mich glücklich gefühlt, als ______________

____

Meine Eltern oder Großeltern macht glücklich, wenn _______________

____

Gib folgenden Begriffen Schulnoten, die ihre Wichtigkeit für dich zum Ausdruck bringen sollen (6 = am Wichtigsten, 1 = unwichtig):

❐ Gute Noten in der Schule	❐ genügend zu essen	❐ ein Dach über dem Kopf
❐ viel Freizeit haben	❐ im Lotto gewinnen	❐ einen tollen Job finden
❐ in Urlaub fahren können	❐ tolles Auto besitzen	❐ Traumpartner finden
❐ Geborgenheit erfahren	❐ Gesundheit	❐ Glaubensfreiheit
❐ Laufen können	❐ Sehen können	❐ Hören können
❐ viele Freunde haben	❐ Ausgehen dürfen	❐ lernen dürfen

Projekt: *Schreibe ähnlich wie im Film „Hectors Reise oder die Suche nach dem Glück" (2014) zum Psychiater Hector jedes Mal, wenn du dich glücklich fühlst oder denkst, dass du das Glück gefunden hast, deine Erkenntnisse in ein Büchlein oder in dein Ethikheft auf.*

Grundwissen Ethik
Entwicklung von Wertvorstellungen und Überzeugungen / Klasse 7-10 – Bestell-Nr. 11 779

5.1 10 Glückstipps für einen schöneren Alltag

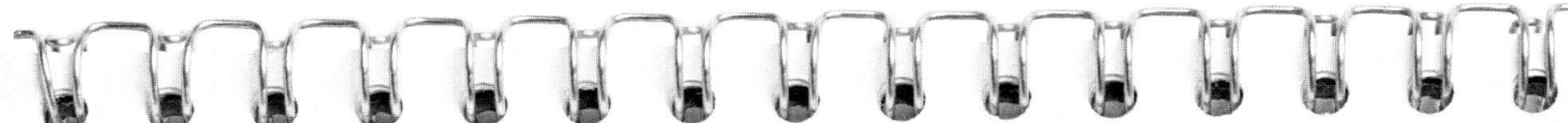

Wir alle wissen, wie einfach es sein könnte, glücklich zu sein. Doch oft schaffen es negative Gedanken oder Ereignisse, dass die Unzufriedenheit Überhand gewinnt. Wenn du keine Lust mehr hast, Trübsal zu blasen, so nimm dir einfach folgende Glückstipps zu Herzen, überliste die schlechte Stimmung und genieße die schönen Momente im Leben:

1. **Lachen:** Lachen ist bekanntlich die beste Medizin, das besagt schon ein Sprichwort. Beim Kichern, Schmunzeln oder herzhaften Lachen werden nicht nur im Gehirn Endorphine (Glücksbotenstoffe) freigesetzt, es beansprucht auch fast 300 Muskeln. Dazu kommen weitere Indizien, die Lachen zum Glücksfaktor machen: Die Atmung wird angeregt, der Blutdruck gesenkt und gemeinsames Lachen stabilisiert zwischenmenschliche Beziehungen.
2. **Augenblicke genießen:** Dies funktioniert am besten, wenn man Handlungsabläufe in bestimmten Situationen bewusst und aktiv wahrnimmt. Trainieren kann man das etwa, wenn man beim Zähneputzen die andere Hand benutzt, eine Minute lang die Augen schließt und einfach der Umgebung lauscht oder sich Gegenstände und Personen für ein paar Sekunden intensiv ansieht. Manchmal entdeckt man dabei Details, die einem vorher gar nicht aufgefallen sind.
3. **Freundschaft pflegen:** Wenn man etwas auf dem Herzen hat, geht nichts über gute Freunde. Sie bauen einen auf und versuchen, einander mit positiven Gedanken zu stützen. Deshalb sind die sozialen Kontakte sehr entscheidend für das persönliche Wohlbefinden. Mit Freunden ist es einfacher abzuschalten, herzlich zu lachen und jede Unternehmung bringt mehr Spaß. Trotzdem müssen Freundschaften gepflegt werden, das lässt sich gut kombinieren: Die Freunde einfach öfter anrufen, sich spontan treffen – man kann den Stress hinter sich lassen und ausgelassen plaudern.
4. **Ein Ziel vor Augen:** Wenn man weiß, was man erreichen will, kann man besser drauf hinarbeiten und empfindet auch mehr Glück, je näher man an das Ziel kommt. Man sollte sich beispielsweise ein Tages- und ein Wochenziel aufschreiben. Wenn man sich zu einem Vorhaben überwinden muss, hakt man dann das Erreichte ab. So kontrolliert man den inneren Schweinehund. Wichtig ist es, sich Ziele zu setzen, die glücklich machen und das vor allem im Privatleben.
5. **Bewegung und Sport:** Man nimmt sich Zeit für sich, wodurch man über die eigene Person nachdenken kann, oder man trifft auf Gleichgesinnte in Kursen, Vereinen und bei Spaziergängen. Daneben kommt aber auch ein starker körperlicher Aspekt hinzu. Beim Sport werden Kreislauf, Atmung und Körpertemperatur angeregt und die Glücksstoffe Endorphin und Serotonin werden ausgeschüttet. Stress oder Wut lassen sich genauso wie Verspannungen mit dem richtigen Sport abbauen. Am besten ist Bewegung an der frischen Luft, denn die Sonne blockiert das müde machende Hormon Melatonin und man fühlt sich fitter. Zudem hält Sport gesund.
6. **Sein persönliches Glück:** Menschen werten negative Ergebnisse oft stärker als positive, selbst wenn die guten Erlebnisse überwiegen. Damit im Nachhinein aber nicht alle positiven Gefühle wegfallen und man etwas für die Zukunft mitnimmt, sollte man sich erinnern, was einen glücklich macht. Was war der glücklichste Moment im Leben, was war heute besonders schön und was macht grundsätzlich besonders glücklich – Familie, Freunde, Haustiere oder schöne Urlaube?

Grundwissen Ethik
Entwicklung von Wertvorstellungen und Überzeugungen / Klasse 7-10 – Bestell-Nr. 11 779

5.1 10 Glückstipps für einen schöneren Alltag

7. **Körper und Geist aktivieren:** Faul auf der Couch liegen, lässt einen träge werden. Dadurch verpasst man die Chance, etwas anderes außer dem Wohnzimmer wahrzunehmen. Also lieber die Tage aktiv gestalten und etwas mit Freunden, Verwandten oder allein unternehmen. Das hält fit, munter und vielleicht lernt man ja neue nette Menschen, Orte oder Hobbys kennen?

8. **Ruhe bewahren:** Nichts macht so unglücklich wie Stress. Dabei ist man meistens selbst dafür verantwortlich. Wenn man sich immer wieder unter Druck setzt, denkt und sagt, wie anstrengend alles ist, und sich immer wieder vor Augen hält, wie knapp die Termine gelegt sind, dann empfindet man vermehrt Stress. Stattdessen sollte man versuchen, sich auf positive Sachen zu konzentrieren. Man kann sich beispielsweise zwischen zwei Terminen etwas Zeit lassen und einen Drink in der Sonne genießen oder ein schönes Lied hören.

9. **Optimistisch bleiben:** Je mehr man sich mit positiven Gefühlen befasst und optimistisch auf die Aufgaben des Alltags zugeht, desto leichter fällt es und desto glücklicher wird man. Nicht darüber nachdenken, ob es zu viele Aufgaben für einen Tag sind, denn natürlich schafft man das! Falls etwas mal nicht gelingen sollte, darf man das positive Denken nicht aufgeben. Stattdessen aus den Fehlern lernen und zu sich selbst sagen: „Nächstes Mal mache ich es besser."

10. **Freude und Freundlichkeit:** Wenn man freundlich oder freudestrahlend durchs Leben geht ist die Wahrscheinlichkeit höher, dass die Mitmenschen diese Freundlichkeit erwidern. Mitschüler, Lehrer und Passanten grüßen, sich bedanken, wenn ein Autofahrer einen vorlässt und den Mitmenschen Hilfe anbieten. Wenn man gerade besonders glücklich ist, kann man das ruhig zeigen, denn die gute Laune wird auf andere ansteckend wirken.

11. **Zusatztipp:** Das Leben ist oft eine ziemliche Achterbahnfahrt mit vielen Hochs und Tiefs. Manche Dinge im Leben sind einfach schwierig und machen unglücklich. Es ist wichtig zu erkennen, in welchen Lebensbereichen oder bei welchen Tätigkeiten ich mich wohl fühle und diese ganz bewusst erlebe. Aus diesen sogenannten „Glückspools" kann man Freude tanken und so auch die problematischen Situationen gestärkt meistern oder überstehen.

Aufgabe 1: *Nachdem du die Glückstipps aufmerksam durchgelesen hast, suche die für dich drei wichtigsten Tipps, welche du das nächste Mal, wenn du dich nicht so glücklich fühlst, anwenden möchtest:*

1. ______________________________

2. ______________________________

3. ______________________________

KOHL VERLAG Grundwissen Ethik Entwicklung von Wertvorstellungen und Überzeugungen / Klasse 7-10 - Bestell-Nr. 11 779

6 Meine persönliche Religionslandkarte

Auf unserer Erde gibt es eine Vielzahl an Religionen und Glaubensrichtungen. Manche Religionen, wie etwa jene der alten Griechen, Römer und Ägypter oder der Azteken, Mayas oder Tscherokesen-Indianer wurden zerstört oder durch andere ersetzt. Religions- und Glaubenskriege gab und gibt es an vielen Orten dieser Welt und somit sind viele Religionen verboten oder gänzlich ausgelöscht worden. Neue Religionen wie auch Sekten entstehen. Diese Seite soll dir für deine ganz persönliche Religionslandkarte dienen.

Aufgabe 1:

Überlege dir, welche religiösen Spuren du seit deiner Geburt auf dieser Welt hinterlassen hast und noch hinterlassen wirst. Zeichne und beschreibe mit deinen eigenen Worten in den leeren Kasten, wo deine Spurensuche begonnen hat. Gehe von Bekanntem zu Unbekanntem, von Gelerntem zu jenem, was du noch lernen und wissen möchtest. Welche wichtigen Menschen sind dir begegnet? Welche religiösen Zeichen oder Symbole, Regeln – Gebote – Verbote, Sitten und Bräuche, Heiligen Gegenstände, Bücher, Orte oder Amulette sind dir wichtig? Was sind deine kostbarsten Erinnerungen und tollsten religiösen Erlebnisse?

KOHL VERLAG Grundwissen Ethik
Entwicklung von Wertvorstellungen und Überzeugungen / Klasse 7-10 - Bestell-Nr. 11 779

7 Glauben – An was glaubst eigentlich du?

Rätsel:

Diese Frage könnte bei „Wer wird Millionär?/Die Millionenshow" eine Million wert sein. Weißt du die Antwort?

Was ist größer als Gott, bösartiger als der Teufel, die Armen haben es, die Zufriedenen brauchen es, und wenn du es isst, dann stirbst du?

Antwort: ______________________________

Aufgabe 1:

Setze dich zuerst ganz persönlich mit dem Thema Religion und Glaube auseinander. Stelle Überlegungen an und tausche dich anschließend mit einem Partner über eure Gedanken und Erfahrungen aus.

Der Unterschied zwischen „religiös sein" und „glauben" ist ______________

____

____

Ich persönlich glaube an ______________________________

Ich glaube nicht an ______________________________

Religiöse Menschen haben diese Vorteile ______________________

____

Religiöse Menschen können diese Nachteile haben ______________

____

Hilfreiche Stichworte: *Gott, Jesus, Allah, Prophet, Skateboard, Teufel, Hölle, Verfolgung, Unterdrückung, Eltern, Vorbild, Ruhe, Gefühl, Bewusstsein, Freiheit, Werte, Feste, Traditionen*

Grundwissen Ethik
Entwicklung von Wertvorstellungen und Überzeugungen / Klasse 7-10 – Bestell-Nr. 11 779
KOHL VERLAG

8 Übersicht der Religionen dieser Welt

Die Einteilung zu einer Weltreligion erfolgt nach Anhängern, Verbreitung oder einem universalen Anspruch. In der Encyclopædia Britannica finden sich diese Weltreligionen:

- **Christentum** (ca. 2,1 Mrd. Anhänger)
- **Islam** (ca. 1,3 Mrd. Anhänger)
- **Hinduismus** (ca. 850 Mio. Anhänger)
- **Buddhismus** (ca. 375 Mio. Anhänger)
- **Judentum** (ca. 15 Mio. Anhänger)

Abrahamitischer Ursprung:

- ***Judentum*** (Orthodoxes und Ultraorthodoxes Judentum/Haredi, Chassidisches Judentum, Reformjudentum, Konservatives Judentum, Humanistisches Judentum, Jüdische Kleingruppen wie Samaritaner, Karäer, Dönme, Kabbala/Jüdische Mystik).
- ***Christentum*** (Römisch-katholische Kirche, Altkatholische Kirche, Anglikanische Gemeinschaft, evangelische Gemeinschaften wie Waldenser, Hussiten, Lutheraner, Reformierte, Täufer, Baptisten, Quäker, Pietisten, Methodisten, Unierte, Restoration Movement, Adventisten, Brüderbewegung, Pfingstbewegung, Gemeinschaft in Christo Jesu/Lorenzianer, Freikirchen wie Evangelikale, Duchoborzen, Molokanen, Aramäische Frei-Kirche, Mar-Thoma-Kirche, Assyrisch-evangelische Kirche, Assyrische Pfingstkirche, Armenisch-Evangelische Kirche, Mekane-Yesus-Kirche; Neuapostolische Kirche, Vereinigung Apostolischer Gemeinden, Old Apostolic Church, Orthodoxe Westkirchen mit lateinischem Ritus, Altorthodoxe, Altorientalische Kirchen, Überkonfessionelle Gemeinschaften, Bibelforscherbewegung wie Zeugen Jehovas, Freie Bibelforscher, Ernste Bibelforscher, Laien-Heim-Missionsbewegung, Neuoffenbarer, Swedenborgianer, Johannische Kirche, Mormonentum/Kirche Jesu Christi der Heiligen der Letzten Tage, Gemeinschaft Christi, Judenchristen/Messianische Juden, Sabbatianer, Gnostische Kirchen, Liberalkatholische Kirche etc.).
- ***Islam*** (Sunniten wie Schafiiten, Hanbaliten, Malikiten, Hanafiten, Salafiyya, Wahhabiten, Ahl-i Hadîth; sufische Gemeinschaften wie Qadiriyya, Mevlevi, Bektaschi, Naqschbandi, Halveti, Schadhiliyya; Shiiten wie Imamiten, Schaichismus, Dschafariten, Zaiditen, Ismailiten, Nizaris; Charidschiten wie Ibaditen, Mozabiten; Volksislam).

Grundwissen Ethik
Entwicklung von Wertvorstellungen und Überzeugungen / Klasse 7-10 – Bestell-Nr. 11 779

8 Übersicht der Religionen dieser Welt

Religionen islamischen Ursprungs:

- Abangan, Xidaotang, Babismus, Aleviten, Alawiten (Nusairier), Drusen, Ahl-e Haqq, Schabak, Bajwan.

Indischer Ursprung:

- ***Hinduismus*** (Shivaismus, Vishnuismus, Shaktismus, Tantrayana, Advaita Vedanta/Satsang, Vishwa Hindu Parishad, Neohinduismus, Bhakti Yoga, Brahma Kumaris, Krishna-Bewusstsein, Osho-Rajneesh-Bewegung, Sathya Sai Baba Sai-Religion, Sri Chinmoy, Vedanta-Bewegung, Radhasoami Satsang); ***Buddhismus***; ***Jainismus*** (Digambaras, Shvetambaras), Radhasoamis, Sikhismus, Sant Mat, Eckankar, Ayyavazhi (Kundalini-Yoga).

Orientalische Religionen:
- Bahaii, Mandäer, Zoroastrismus, Jesiden.

Fernöstliche Religionen:

- Bön, Cao Dai, Daoismus, Falun Gong, Himmelsmeister, Konfuzianismus, Lingbao Pai, Mahikari, Mohismus, Neidan, Shangqing, Shinto, Tengrismus, Tenrikyo, Òmu Shrinrikyò.

Afroamerikanische Religionen:

- Barqinha, Condomblé, Hoodoo, Macumba, Rastafari, Santeria, Santo Daime, Umbanda, Voodoo.

Ozeanien (Australien/Neuseeland):

- Cargo-Kulte, Ngara Modekngei

Sonstige Religionen:

- Ahnenkult, Naturreligion, Totemismus, Schamanismus (Nagualismus), Scientology, Köfukukai Yamagishi-kai, Animismus, Heidentum und Neopaganismus, Gnostizismus und Esoterik etc.

✶ **Aufgabe 1**:

Entscheide dich für eine Religion, von der du zuvor noch nie etwas gehört hast und die dich interessiert und erkundige dich mit Hilfe von verschiedenen Quellen (Lexika, Sachbücher, Internet etc.) über diese Religion. Mache Notizen zur Entstehungsgeschichte, Anhänger, Verbreitung, Heilige Orte/Rituale, Vorstellungen von Heil, Leben nach dem Tod etc. und präsentiere deine Nachforschungen im Klassenverband.

9 MONOTHEISMUS – Der Glaube an einen Gott

⊙ **Aufgabe 1:** *Vervollständige die Übersicht mithilfe der Begriffe im Kasten unten. Stelle anschließend Vergleiche zu Gemeinsamkeiten und Unterschiede an.*

	JUDENTUM	***CHRISTENTUM***	***ISLAM***
ENTSTEHUNGSZEIT	Ca. 2500 v.u.Z.	Ca. 30 n.u.Z.	570 n.u.Z.
SYMBOL(E)			
GOTTESNAMEN	Jahwe, Elohim, Adon	Gott, Vater, Jesus	Allah (99 Namen)
GRÜNDER	Abraham, Mose, David		
HEILIGE SCHRIFTEN		Altes und Neues Testament	
HEILIGE STÄTTEN	Israel und insbes. Jerusalem (Westmauer)	Jerusalem, Betlehem, Rom, Wallfahrtsorte	Mekka, Medina
HEILIGE ZEITEN/ FEIERTAGE	Shabbat (Freitag Abend bis Sonntag Abend)		
FESTE UND BRÄUCHE	Pessach, Chanukka, Purim; Bar/Bat Mitzva	Ostern,Weihnachten; Taufe, Konfirmation	Fastenmonat Ramadan, Beschneidung
GOTTESHÄUSER		Kapelle, Kirche, Dom, Basilika, Kloster	Moschee (Camii)
ZENTRALES THEMA	Bund Gottes mit seinem Volk		Hingabe an Allah, Finden der Erleuchtung
GRUNDSÄTZE		Nächstenliebe, Verkündigung, Gottesdienst	Fünf Säulen des Islam: Glaubensbekenntnis, Tägliches Gebet, Sozialabgabe, Fasten im Ramadan, Pilgerfahrt nach Mekka
STRÖMUNGEN	Orthodoxes Judentum, messianische Juden etc.	Römisch-Katholisch, Protestantisch, Evangelisch, Orthodox, Anglikanisch, Altkatholisch etc.	

Begriffe: *Freitag; Gottesverehrung/Gebote/Erinnerung; Koran; Mohammed; Nachfolge Jesu; Paulus; Sonntag; Sunniten/Shiiten etc.; Synagoge (Beit Knesset); Tora/Hebräische Bibel;*

9 MONOTHEISMUS – Der Glaube an einen Gott

Info

Der Begriff Monotheismus (griechisch: mónos „allein“ und theós „Gott“) bezeichnet Religionen bzw. philosophische Lehren, die einen allumfassenden Gott kennen und anerkennen. Der Begriff Monotheismus wird erstmals im 17. Jahrhundert bei dem englischen Theologen und Philosophen Henry More nachgewiesen. Zeitgenössische monotheistische Religionen („Eingottglaube“) sind nach Entstehung geordnet das Judentum, das Christentum, der Islam.

Aufgabe 2: *Vergleicht die drei monotheistischen Weltreligionen miteinander und macht Notizen.*

GEMEINSAMKEITEN:	
UNTERSCHIEDE:	
UNSERE ERFAHRUNGEN:	
OFFENE FRAGEN: Was wir im Speziellen über diese Religionen wissen möchten:	

Grundwissen Ethik
Entwicklung von Wertvorstellungen und Überzeugungen / Klasse 7-10 – Bestell-Nr. 11 779
KOHL VERLAG

9.1 Judentum – Christentum – Islam

Aufgabe 1:

Ordne die einzelnen Begriffe der jeweiligen monotheistischen Weltreligion zu, indem du vor den Begriff die jeweilige Nummer schreibst:

1 – Judentum
2 – Christentum
3 – Islam

Vorsicht: Der Begriff kann auf mehr als eine Religion zutreffen!

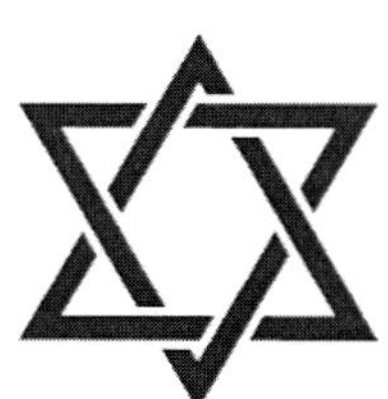

			Begriff				Begriff
			Taufe				***Ramadan***
			Gott hat die Welt erschaffen				***Glaube an einen einzigen Gott***
			Weihnachten				***Synagoge***
			Kreuz				***Jerusalem als heilige Stadt***
			Altes und Neues Testament				***Jesus ist Sohn Gottes***
			Gebet, Almosen und Fasten				***Paschafest***
			Moschee				***Menorah***
			Kirche				***Abraham***
			Bibel				***Koran***
			Torarolle				***Die fünf Säulen***
			Mekka und Medina				***Die Zehn Gebote***
			Adventskranz				***Klagemauer***
			Dreifaltigkeit (Vater/Gott/Heiliger Geist)				

10 JUDENTUM

Einstieg: Im Judentum respektive in Israel erhalten die Schüler zum Schulanfang eine in Honig getunkte Waffel überreicht, die sie gemeinsam essen. Nach dem Motto „So süß soll euer Lernen sein" kann auch die Ethik-Lehrkraft zum Einstieg ins Thema ein Eierbiskuit mit Honig oder eine Mozartkugel den Schülern oder die Schüler einander eine Süßigkeit geben.

Info

Den Begriff „Religion" auf das Judentum anzuwenden, erweist sich als schwierig. Denn im Hebräischen gibt es kein Wort für Religion. Das Leben wird nach jüdischer Vorstellung nicht in einen profanen und einen sakralen Bereich aufgeteilt – vielmehr vermischen sich die beiden Bereiche. Wesentlich für das Judentum ist der BUND, den Gott (Jahwe) mit Abraham geschlossen hat. Darauf wird die Beschneidung der männlichen Kleinkinder zurückgeführt. Ein weiterer wichtiger Begriff ist der EXODUS, der Auszug der Israeliten aus Ägypten: Diese Geschichte ist zum zentralen Glaubensbekenntnis des Judentums geworden. In ihr offenbart sich Gott dem MOSE: Er nennt sich JAHWE, und bekräftigt den Bund, den er einst mit Abraham geschlossen hat. Religiöses Zentrum bis zu seiner Zerstörung (70 n. Chr.) war der Tempel in Jerusalem, heute die Synagoge (Beit Knesset – Haus der Versammlung). Heilige Schrift ist der Tanach, der zum größten Teil dem christlichen Alten Testament (Erster Bund) entspricht.

✶ **Aufgabe 1:** *Erkläre folgende Begriffe mithilfe des Internets oder passender Quellen:*

Mohel: ______________________________

Talmud: ______________________________

Chassidim: ______________________________

Bar-Mizwa: ______________________________

Bat-Mizwa: ______________________________

Kabbala: ______________________________

Sabbat: ______________________________

Purim: ______________________________

Pessach: ______________________________

Sukkot: ______________________________

Chanukka: ______________________________

Koscher: ______________________________

Tora: ______________________________

Grundwissen Ethik
Entwicklung von Wertvorstellungen und Überzeugungen / Klasse 7-10 – Bestell-Nr. 11 779
KOHL VERLAG

10.1 Das hebräische Alphabet

Aufgabe 1: *Schreibe von rechts nach links. (Anmerkung: Der Einfachheit halber können Vokale anfangs geschrieben werden!)*

ט	ח	ז	ו	ה	ד	ג	ב	א
Tet	Chet	Zayin	Vav	He	Dalet	Gimel	Bet	Alef
(T)	(Ch)	(Z)	(V/O/U)	(H)	(D)	(G)	(B/V)	(Silent)

ס	ן	נ	ם	מ	ל	ך	כ	י
Samech	Nun	Nun	Mem	Mem	Lamed	Khaf	Kaf	Yod
(S)	(N)	(N)	(M)	(M)	(L)	(Kh)	(K/Kh)	(Y)

ת	ש	ר	ק	ץ	צ	ף	פ	ע
Tav	Shin	Resh	Qof	Tzade	Tzade	Fe	Pe	Ayin
(T/S)	(Sh/S)	(R)	(Q)	(Tz)	(Tz)	(F)	(P/F)	(Silent)

________________________ DEIN NAME

________________________ SCHALOM (FRIEDE)

________________________ SCHABBAT (SAMSTAG)

Für Profis: Die hebräische Schreibschrift:

ו	ה	ד	ג	ב	א
ךּ	כּ	י	ט	ח	ז
ס	ן	נ	ם	מ	ל
ק	ץ	צ	ף	פ	ע
			ת	ש	ר

________________________ Boker tov (Morgen)

________________________ Chaver (Freund)

Grundwissen Ethik
Entwicklung von Wertvorstellungen und Überzeugungen / Klasse 7-10 – Bestell-Nr. 11 779

10.2 DEKALOG – Die Zehn Gebote

Aufgabe 1:

a) *Formuliere die Gebote in deinen eigenen Worten – so, wie du es sagen würdest.*

b) *Wenn bestimmte Gebote übertreten werden, kann der dadurch angerichtete Schaden fast oder gar nicht mehr gut gemacht werden. Welche sind gemeint und warum?*

c) *Stell dir vor, deine Eltern/Geschwister/Freunde würden die Gebote als gutgemeinten Rat zu dir sagen. Wie würde das klingen? Schreibe es in ihren Worten auf.*

d) *Suche aus der Zeitung Artikel und Bilder und ordne sie verschiedenen Geboten zu. Zu welchen Geboten hast du die meisten Artikel gefunden?*

e) *Welche Gebote sind für dich persönlich in deinem Leben die wichtigsten. Warum?*

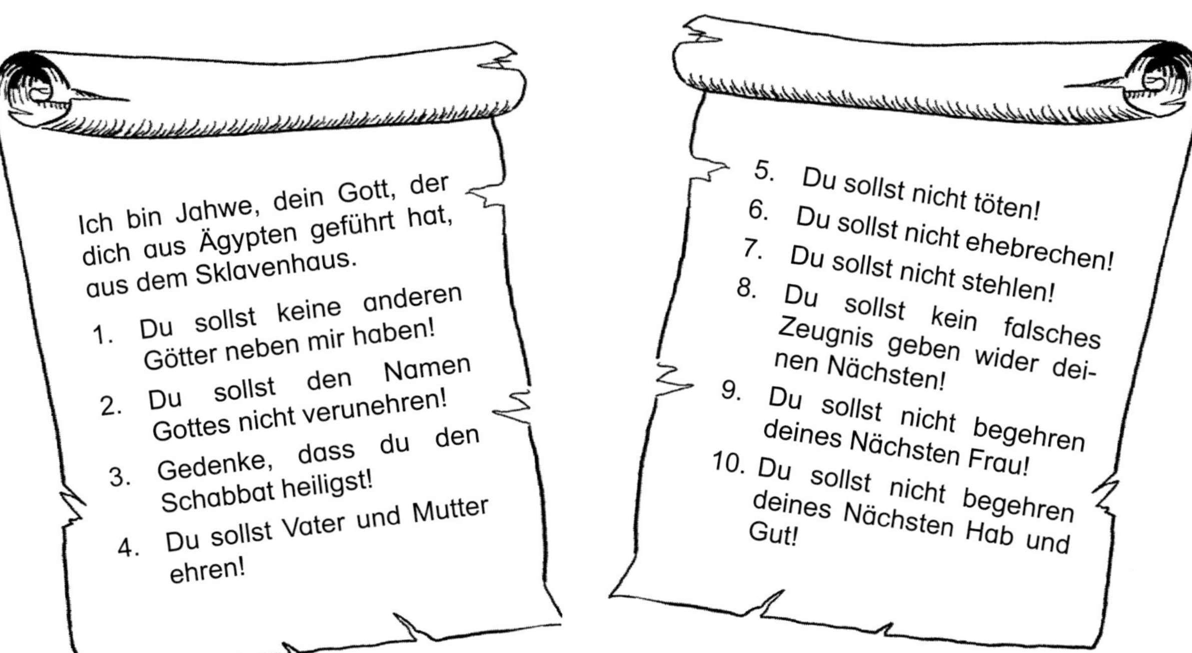

Zusatzaufgabe für Sprachbegabte:

Vergleiche die beiden Gebotstafeln, welche Moses laut Bibel auf dem Berg Sinai von Gott erhalten hat mit der englischen Übersetzung. Gibt es Unterschiede zum Deutschen? Kannst du diese Gebote in eine andere Fremdsprache oder in deine Mutter- oder Vatersprache übersetzen? Du kannst sie auf ein Plakat schreiben und anschließend in deiner Klasse präsentieren.

Test 1: Der Dekalog – Die zehn Gebote **Name:**____________________

Lückenmerktext:

Aufgabe 1: *Ordne die einzelnen Begriffe aus dem Kasten an der richtigen Stelle dem Text zu.*

Ägypten – Israel – Frieden – Lügen – neidisch – Sinai

Moses schrieb die Zehn Gebote auf dem Berg ____________________ auf, als das Volk auf der Flucht aus ____________________ war.

Die Zehn Gebote sollten dem Volk ____________________ helfen, in ____________________ zu leben.

Falsch gegen jemanden aussagen heißt heute über jemanden ____________________ zu erzählen.

Du sollst nicht begehren bedeutet auch, dass du nicht ____________________ sein sollst.

Aufgabe 2: *Schreibe die zehn Gebote in ihrer Reihenfolge (nach Wichtigkeit geordnet) auf.*

1. Du sollst ____________________
2. Du sollst ____________________
3. Gedenke ____________________
4. Du sollst ____________________
5. Du sollst ____________________
6. Du sollst ____________________
7. Du sollst ____________________
8. Du sollst ____________________
9. Du sollst ____________________
10. Du sollst ____________________

KOHL VERLAG Lernen mit Erfolg
Grundwissen Ethik
Entwicklung von Wertvorstellungen und Überzeugungen / Klasse 7-10 – Bestell-Nr. 11 779

Test 2: Das Judentum

Name: ____________________

1. Wie nennt man das Gotteshaus der Juden?
(Zusatzfrage: Was bedeutet das Wort übersetzt?)

____

2. Was finden wir im Inneren des Gotteshauses?

____

3. Welches ist der Fest- und Ruhetag im Judentum?

____

4. Erkläre den Begriff „Bar Mitzwa"/„Bat Mitzwa"

____

5. Welche(s) jüdische Symbol(e) kennst du? Zeichne es auf:

6. Wie heißt das jüdische Erkennungszeichen, welches gläubige Männer auf dem Kopf tragen?

____

7. An was erkennst du orthodoxe, also strenggläubige Juden, wie sie z.B. in Zürich zu finden sind?

____

8. Die Thorarollen sind den Juden heilig. Worin äußert sich das im religiösen Alltag?

____

9. Welche Jiddischen Wörter, die wir heute im Deutschen noch verwenden, kennst du?

____

10. Was weißt du über die jüdische Sprache und Schrift?
(Zusatz: Kannst du ein Wort aufschreiben?)

____

Punkte: ____________ **Note:** ____________

Unterschrift: ______________________________

Grundwissen Ethik
Entwicklung von Wertvorstellungen und Überzeugungen / Klasse 7-10 – Bestell-Nr. 11 779
KOHL VERLAG

Seite 29

11 CHRISTENTUM

Info

Mit fast zwei Milliarden Anhängern ist das Christentum die zahlenmäßig größte Religion. Für Christen gilt Jesus Christus als Sohn Gottes und als der verheißene Messias (Erlöser). Über sein Leben ist nur wenig bekannt. Er zog als Wanderprediger durchs Land, sammelte Schüler um sich und wurde unter der Regierung des Kaiser Tiberius (14-37) gekreuzigt. Die Anfänge des Christentums liegen in Jerusalem in der sogenannten „Urgemeinde“, jene Anhängerschar, die mit Jesus durch Galiläa zog – angeführt von Petrus, einem der ersten Schüler. Mit Paulus, der zuerst der neuen Gruppierung feindlich gegenüberstand, sich aber dann ihr anschloss, verbreitete sich die neue Lehre rasch in der nichtjüdischen Welt. Begonnen als jüdische Reformbewegung, verbreitete sich das Christentum nach Jesu Tod sehr rasch im ganzen Imperium Romanum und wurde so zur Weltreligion, entfernte sich aber immer mehr vom Judentum, nachdem die Missionierung des jüdischen Volkes ohne Erfolg blieb.

Das Heilige Buch des Christentums ist die **BIBEL**, die aus zwei Teilen besteht: Dem jüdischen Alten Testament und dem **NEUEN TESTAMENT**, bestehend aus vier Evangelien, der Apostelgeschichte, zahlreichen Briefen und der Geheimen Offenbarung des Johannes. Das NT erzählt von Jesu Wirken und Reden, und der Verbreitung seiner Lehre.

Die bedeutendsten Konfessionen sind: Römisch-Katholische Kirche, Orthodoxe Kirche, Lutheraner (evangelische Kirche), Reformierte (Anglikanische Kirche).

★ **Aufgabe 1:** *Erkläre folgende Begriffe mithilfe des Internets oder passender Quellen:*

Trinität: ______________________________

Auferstehung: ______________________________

Jüngstes Gericht: ______________________________

Inkarnation: ______________________________

Weihnachten: ______________________________

Ostern: ______________________________

Evangelien: ______________________________

Apokryphen: ______________________________

Mönchtum: ______________________________

Zölibat: ______________________________

Ikonen: ______________________________

Sakramente: ______________________________

KOHL VERLAG Grundwissen Ethik Entwicklung von Wertvorstellungen und Überzeugungen / Klasse 7-10 – Bestell-Nr. 11 779

11.1 Das Vater-Unser-Gebet

Info

„Einmal hatte Jesus sich zum Gebet zurückgezogen. Als er es beendet hatte, bat ihn einer der Jünger: „Herr, sag´ uns doch, wie wir beten sollen; Johannes hat es seine Jünger auch gelehrt. Jesus antwortete: Das soll euer Gebet sein..."

Lukas-Evangelium, Kapitel 11, 1 - 4

Das Vater Unser (lat. Pater Noster) wird auch „Gebet des Herrn" genannt und ist an zwei Stellen im Evangelium zu finden: Matthäus (Mt 6,9-13) sowie Lukas (Lk 11,2-4). Es ist bislang das einzige ökumenische (überkonfessionelle) Gebet, das seinen Ursprung im Judentum hat. Jesus betete in entscheidenden Situationen seines Lebens: Bei seiner Taufe, vor der Wahl der zwölf Apostel, vor seinem Leiden (der Passion) und zuletzt am Kreuz. Oft zog sich Jesus zum Gebet in die Einsamkeit zurück.

Aufgabe 1: *Bringe das Vaterunser-Gebet in die richtige Reihenfolge, indem du die richtige Zahl in die jeweiligen Kästchen schreibst.*

- ◯ Dein Reich komme.
- ◯ Geheiligt werde Dein Name.
- ◯ Dein Wille geschehe,
- ◯ Vater unser im Himmel,
- ◯ Und vergib uns unsere Schuld,
- ◯ Amen.
- ◯ Und die Herrlichkeit in Ewigkeit.
- ◯ Unser tägliches Brot gib uns heute.
- ◯ Wie im Himmel so auf Erden.
- ◯ Und führe uns nicht in Versuchung,
- ◯ wie auch wir vergeben unsern Schuldigern.
- ◯ Denn Dein ist das Reich und die Kraft
- ◯ sondern erlöse uns von dem Bösen.

Aufgabe 2: *Das Vaterunser hat einen klaren Aufbau. Welche Stellen sind Anrede, Du-Bitten, Wir-Bitten, Schlussdoxologie und Bestätigung?*

Aufgabe 3: *Überlege dir Situationen, in denen du betest. Tausche dich anschließend mit einem Mitschüler aus und finde heraus, wo und wann dieser betet.*

11.1 Das Vater-Unser-Gebet

! **Aufgabe 4:** *Vergleiche das Gebet in den verschiedenen Sprachen. Was fällt dir dabei auf? In der Paternosterkirche auf dem Ölberg in Jerusalem/Israel gibt es Tafeln mit dem Gebet in 140 Sprachen.*

Deutsch

Vater unser im Himmel.
Geheiligt werde dein Name.
Dein Reich komme.
Dein Wille geschehe,
wie im Himmel, so auf Erden.
Unser tägliches Brot gib uns heute.
Und vergib uns unsere Schuld,
wie auch wir vergeben unsern Schuldigern.
Und führe uns nicht in Versuchung,
sondern erlöse uns von dem Bösen.
Denn dein ist das Reich und die Kraft
und die Herrlichkeit in Ewigkeit. Amen.

Französisch

Notre Pere qui es aux cieux,
que ton nom soit sanctifie, que ton
regne vienne, que ta volonte soit faite
sur la terre comme au ciel. Donne-
nous aujourd'hui notre pain de ce jour.
Pardonne-nous nos offenses, comme
nous pardonnons aussi a ceux qui nous
ont offenses. Et ne nous soumets pas a
la tentation, mais delivre-nous du mal.
Car c'est a toi qu'appartiennent le
regne, la puissance et la gloire, pour les
siecles des siecles!

Englisch

Our Father, who art in heaven,
Hallowed be thy name;
Thy kingdom come;
Thy will be done on earth as it is in heaven.
Give us this day our daily bread;
and forgive us our trespasses,
as we forgive those who trespass against us;
and lead us not into temptation,
but deliver us from evil.
For thine is the kingdom, and the power,
and the glory for ever and ever. Amen.

Italienisch

Padre nostro,
che seinei cieli,
sia santificato il tuo nome
venga il tuo regno,
sia fatta la tua volonta,
come in cielo cosi in terra.
Dacci oggi il nostro pane quotidiano,
e rimetti a noi i nostri debiti
come noi li rimettiamo ai nostri debitori,
e non ci indurre in tentazione,
ma liberaci dal male. Amen.

Spanisch

Padre nuestro, que estás en el cielo,
santificado sea tu Nombre;
venga a nosotros tu reino;
hágase tu voluntad en la tierra como en el cielo.
Danos hoy nuestro pan de cada día;
perdona nuestras ofensas,
como también nosotros perdonamos a los
que nos ofenden;
no nos dejes caer en la tentación,
y líbranos del mal. Amén.

Latein

Pater noster, qui es in caelis:
sanctificetur nomen tuum.
Adveniat regnum tuum.
Fiat voluntas tua, sicut in caelo, et in terra.
Panem nostrum catidianum da nobis hodie.
Et dimitte nobis debita nostra,
sicut et nos dimittimus debitoribus nostris.
Et ne nos inducas in tentationem,
sed libera nos a malo.
Quia tuum est regnum et potestas et
gloria in saecula. Amen.

Bandi Koeck
Grundwissen Ethik / 6.-9. Schuljahr – Bestell-Nr. 11 779
KOHL VERLAG

11.2 Fragen aus der Millionenshow

Wer wird Millionär?

€ 1.000-Frage

Wie nennt man den Siedlungsraum der Menschen auf der Erde?

A: Credot	**B:** Halleluja
C: Evangelium	**D:** Ökumene

€ 2.000-Frage

Wo wurde Jesus Christus geboren?

A: Bethlehem	**B:** Nazareth
C: Ölberg	**D:** Golgota

€ 4.000-Frage

Der katholische Priester sagt: „Der Herr ist mit euch“ und die Kirchengemeinde antwortet: „Und mit deinem…“

A: Sohne	**B:** Geiste
C: Vater	**D:** Haupt

€ 8.000-Frage

Wie heißt Abrahams Sohn, den er Gott opfern sollte?

A: David	**B:** Jakob
C: Isaak	**D:** Aaron

€ 16.000-Frage

Womit kam die von Noah ausgeschickte Taube auf die Arche zurück?

A: Rosenzweig	**B:** Ölzweig
C: Lorbeerzweig	**D:** Palmzweig

€ 32.000-Frage

Welcher Apostel war der Bruder des Petrus (= Fels)?

A: Matthäus	**B:** Philippus
C: Andreas	**D:** Thomas

€ 64.000-Frage

Im neuen Testament gibt es das bekannte Gleichnis von…

A: Myrrhezweig	**B:** Senfkorn
C: Lorbeerblatt	**D:** Granatapfel

€ 150.000-Frage

Wie bezeichnet man in der katholischen Kirche das „Ave Maria“ noch?

A: Französischer Gruß	**B:** Italienischer Gruß
C: Englischer Gruß	**D:** Spanischer Gruß

Grundwissen Ethik
Entwicklung von Wertvorstellungen und Überzeugungen / Klasse 7-10 – Bestell-Nr. 11 779
KOHL VERLAG

11.3 Fragenkatalog zur Testvorbereitung

1. *Aus wie vielen Büchern besteht die Bibel?*
   ⇨ 66 bzw. 74
2. *Wie viele Bücher hat das Alte Testament und wie viele das Neue Testament?*
   ⇨ AT: 39 bzw. 47; NT: 27
3. *enne die fünf Bücher Mose?*
   ⇨ 1. Genesis, 2. Exodus, 3. Levitikus, 4. Numeri, 5. Deuteronomium
4. *In welchem Buch kommt der Auszug aus Ägypten vor? Wohin führt er?*
   ⇨ Buch Exodus; ins verheißene Land Kanaan (heutiges Israel)
5. *In welchem Buch schafft Gott die Erde (Adam und Eva)? An welchem Tag ruht er?*
   ⇨ Buch Genesis; am siebten Tag
6. *Wie heißt der berühmteste Psalm? Wer schrieb ihn? Schreib den ersten Vers!*
   ⇨ Psalm 23 von König David: Der Herr ist mein Hirte, nichts wird mir fehlen
7. *Nenne mindestens drei Propheten aus der Bibel?*
   ⇨ Moses, Jesaja, Jeremia, Baruch, Ezechiel, Daniel, Hosea, Joel, Amos…
8. *Welche vier Evangelien (Frohbotschaften) finden wir in der Bibel?*
   ⇨ Das Evangelium nach Matthäus, Markus, Lukas und Johannes
9. *Wie heißt das letzte Buch der Bibel?*
   ⇨ Das Buch der Offenbarung (Die Offenbarung Jesu)
10. *Wie lautete der eigentliche Name von Jesus? Welche Sprachen sprach er?*
    ⇨ Yeschua („Gott rettet"); er sprach Aramäisch und Hebräisch
11. *Wie lange hat Jesus bzw. Yeschua öffentlich gewirkt? Wie alt wurde er?*
    ⇨ Wirkte drei Jahre; starb im Alter von 33 Jahren
12. *Wer kann Christen von ihren Sünden befreien?*
    ⇨ Nur Jesus Christus, Gottes Sohn. Dafür starb er am Kreuz auf Golgota in Jerusalem
13. *Warum feiern Christen Abendmahl?*
    ⇨ Um sich an Jesus und das was er für sie getan hat zu erinnern.
14. *Nenne drei Bitten aus dem Vater-Unser-Gebet.*
    ⇨ Dein Reich komme; Dein Wille geschehe, unser tägliches Brot gib uns heute
15. *Wie hieß der Sohn Abrahams? Was wollte der Herr von Abraham?*
    ⇨ Isaak (hebräische Bedeutung: er lacht); absoluten Gehorsam und blindes Vertrauen
16. *Wie heißt das größte Gebot für Christen?*
    ⇨ Liebe deinen Nächsten wie dich selbst!

Fragenkatalog zur Testvorbereitung

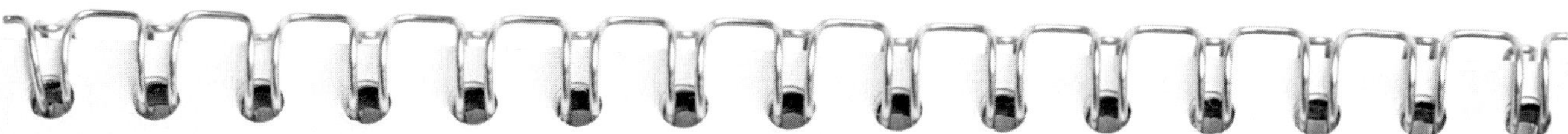

17. *Nenne die ersten zwei der Zehn Gebote?*
⇨ Du sollst keinen Gott außer mir haben. Du sollst keinen Götzendienst leisten.

18. *Nenne fünf Personen aus dem Alten Testament.*
⇨ Isaak, Jakob, Sarah, Noach, Kain, Abel…

19. *Nenne fünf Personen aus dem Neuen Testament.*
⇨ Bartimäus, Johannes der Täufer, Maria Magdalena, Maria, Petrus, Jakobus, Judas…

20. *Abraham ist der Vater welcher drei Weltreligionen ? Was wollte Gott von ihm?*
⇨ Judentum, Christentum, Islam (nach Entstehung geordnet); absoluten Gehorsam

21. *Wie nennt man die Zeit vor Weihnachten? Was bedeutet dieses lateinische Wort?*
⇨ ADVENT bedeutet Ankunft

22. *Welche Namen für GOTT finden wir in der Bibel (AT)?*
⇨ JHWH (Jahweh), ADONAI (HERR), Elohim, Zebaoth ...

23. *Was bedeutet das Symbol des Fisches (ICHTHYS)?*
⇨ Jesus Christus Gottes Sohn der Erlöser

24. *Wie heißt das Oberhaupt der Katholischen Kirche und wo wohnt es?*
⇨ *Papst bzw. Heiliger Vater (Franziskus), im Vatikan (eigener Zwergstaat) in Rom/Italien*

25. *Wie werden neue Christen in die Gemeinschaft aufgenommen?*
⇨ Durch die Taufe

26. *Wie heißen die Gotteshäuser im Christentum?*
⇨ Kapelle, Kirche, Basilika, Dom, Kathedrale

Christusikone (Katharinenkloster/Sinai, 6. Jh.)

Gottesmutter von Wladimir, Russland (Konstantinopel, 12. Jh.)

Grundwissen Ethik
Entwicklung von Wertvorstellungen und Überzeugungen / Klasse 7-10 – Bestell-Nr. 11 779
KOHL VERLAG

Test 3: Das Christentum

Name: ______________________

1. Nenne drei Bitten aus dem Gebet „Vaterunser“:

   ______________________ **/3P**

2. Wer kann Christen von ihren Sünden befreien?

   ______________________ **/1P**

3. Warum feiern Christen Abendmahl/Eucharistie?

   ______________________ **/1P**

4. Wie heißt das größte Gebot für Christen?

   ______________________ **/1P**

5. Nenne drei Personen aus dem Alten Testament:

   ______________________ **/3P**

6. Nenne drei Personen aus dem Neuen Testament:

   ______________________ **/3P**

7. Wie nennt man die Zeit vor Weihnachten und was bedeutet dieses lateinische Wort?

   ______________________ **/2P**

8. Wie werden neue Christen in die Gemeinschaft aufgenommen?

   ______________________ **/1P**

9. Nenne zwei Bezeichnungen für ein christliches Gotteshaus?

   ______________________ **/2P**

10. Welche vier Evangelien (Frohbotschaften) finden wir in der Bibel?

    ______________________ **/4P**

Punkte: ____ **/ 21 P** **Note:** ____________

Unterschrift: ______________________

Grundwissen Ethik
Entwicklung von Wertvorstellungen und Überzeugungen / Klasse 7-10 – Bestell-Nr. 11 779
KOHL VERLAG

12 ISLAM

Info

Die jüngste der drei monotheistischen Weltreligionen entstand in Arabien. Der Name bedeutet: „sich Gott (= Allah) hingeben", „sich dem Willen Gottes unterwerfen", aber auch das Wort „salam"(„Friede") steckt in dem arabischen Wort. Zahlreiche Parallelen verbinden den Islam mit Juden- und Christentum: Der Glaube an den einen Schöpfergott, der Glaube an ein Leben nach dem Tod, an das Gericht, die Existenz von Engeln, Fastengebot und vieles mehr. Muhammad (570 - 632) ist der größte Prophet des Islam (das „Siegel des Propheten"), ihm wurde nach der Lehre des Islam der **KORAN** (das Heilige Buch) offenbart. Die Bedeutung Muhammads für den Islam wird deutlich im Glaubensbekenntnis: „Es gibt keinen Gott außer Allah und Muhammad ist sein Prophet." Nach dem Tod des Propheten verbreitete sich der Islam rasch über Nordafrika bis Spanien und im Osten bis nach Persien.

✶ **Aufgabe 1:** *Erkläre folgende Begriffe mithilfe des Internets oder passender Quellen:*

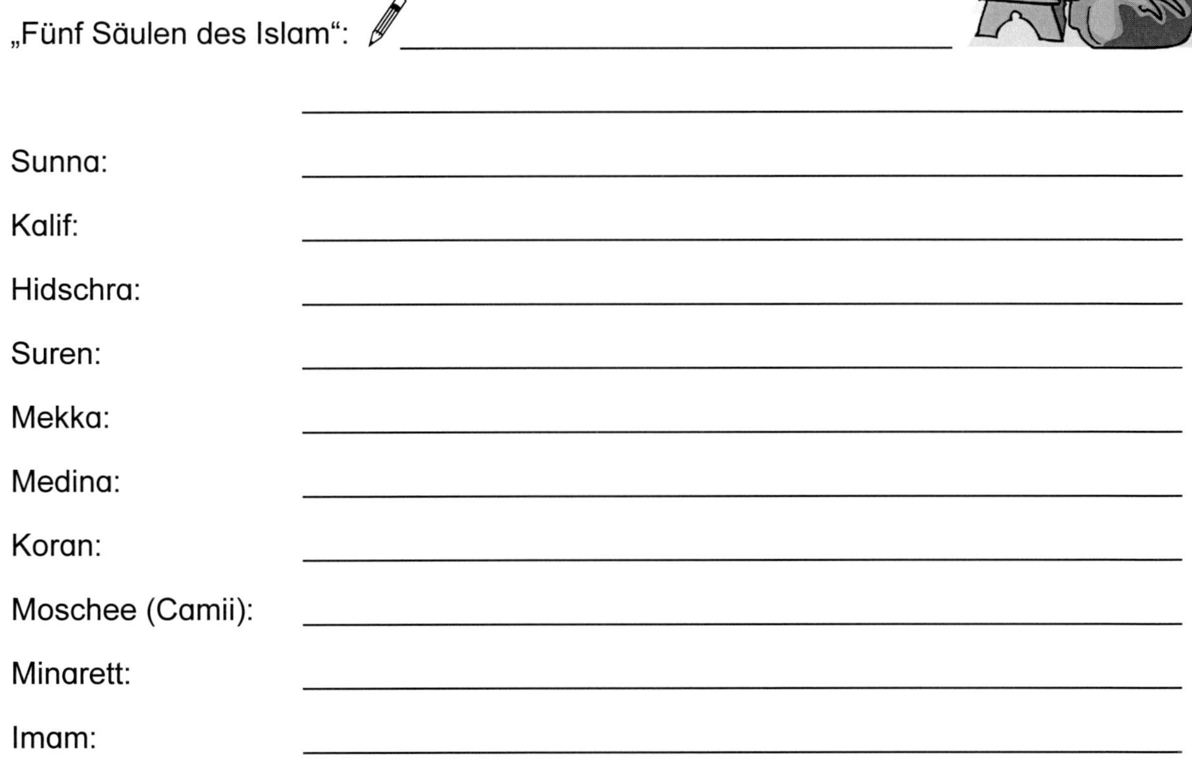

„Fünf Säulen des Islam": ______________________________

____

Sunna: ______________________________

Kalif: ______________________________

Hidschra: ______________________________

Suren: ______________________________

Mekka: ______________________________

Medina: ______________________________

Koran: ______________________________

Moschee (Camii): ______________________________

Minarett: ______________________________

Imam: ______________________________

Muezzin: ______________________________

Kaaba: ______________________________

Grundwissen Ethik
Entwicklung von Wertvorstellungen und Überzeugungen / Klasse 7-10 – Bestell-Nr. 11 779

12.1 Islam bedeutet Unterwerfung/Unterordnung

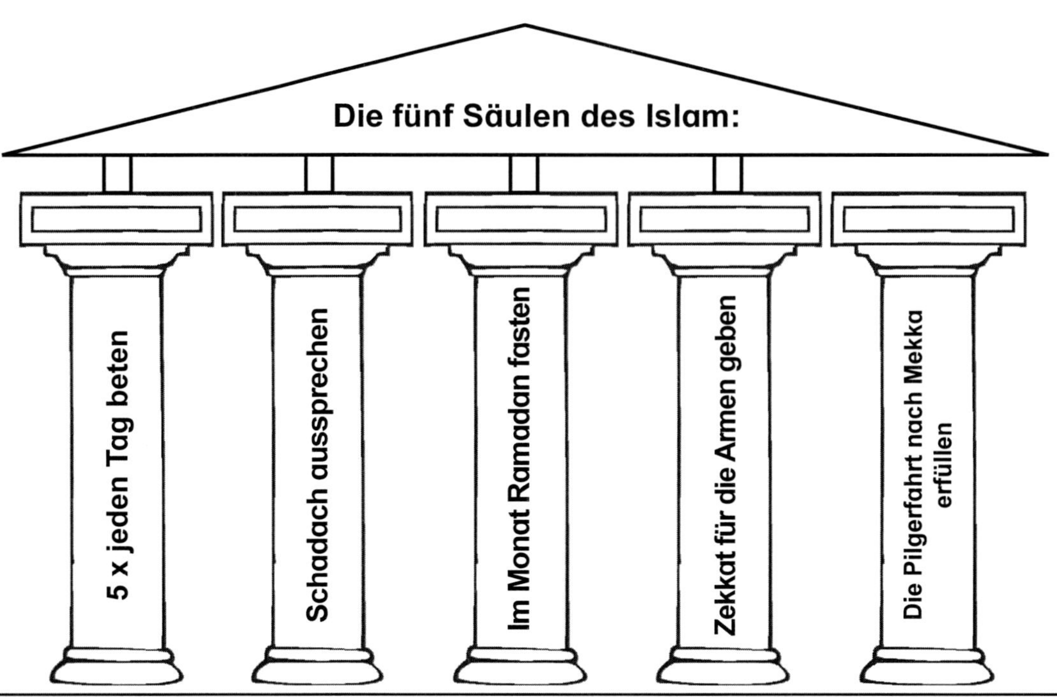

Die sechs Glaubensgrundsätze im Islam:

- Wir glauben an Allah
- Wir glauben an seine Engel
- Wir glauben an seine Brüder
- Wir glauben an seine Gesandten
- Wir glauben an die Auferstehung nach dem Tode
- Wir glauben an die Vorsehung

RAMADAN – der Fastenmonat:

Wer kann fasten?

- Muslim/Muslima
- Volljährig (Jungs: 12 Jahre, Mädchen: 7 Jahre)
- Geistig gesund
- Reif

Wer ist vom Fasten ausgenommen?

- Kranke
- Altersschwache
- Reisende
- Schwangere und stillende Frauen

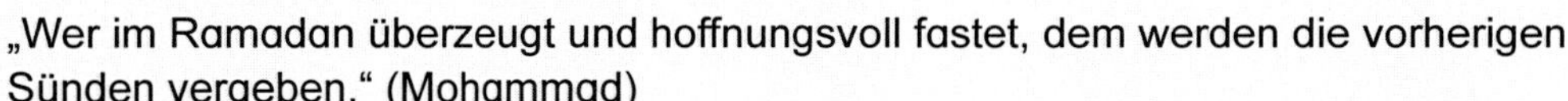

„Wer im Ramadan überzeugt und hoffnungsvoll fastet, dem werden die vorherigen Sünden vergeben." (Mohammad)

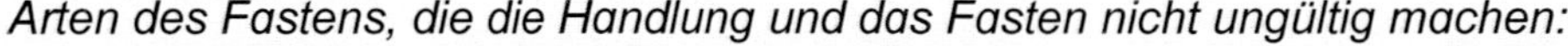

Arten des Fastens, die die Handlung und das Fasten nicht ungültig machen:

- Das Schlucken eines Speiserestes der zwischen den Zähnen übrig geblieben ist und kleiner als eine Kichererbse ist
- Das Erbrechen das unabsichtlich geschieht
- Das Spenden von Blut
- Das Eindringen von Wasser ins Ohr während des Badens und Schwimmens

Grundwissen Ethik
Entwicklung von Wertvorstellungen und Überzeugungen / Klasse 7-10 - Bestell-Nr. 11 779

12.2 Minarett, Gebetsnische und Waschanlage

Das Minarett:

Von außen erkennt man eine Moschee oft schon von weitem am Minarett wie eine Kirche am Kirchturm. Das Minarett ist ein zum Gebäude gehöriger Turm, der oben meistens eine kleine Plattform hat, die über eine Treppe zu erreichen ist.

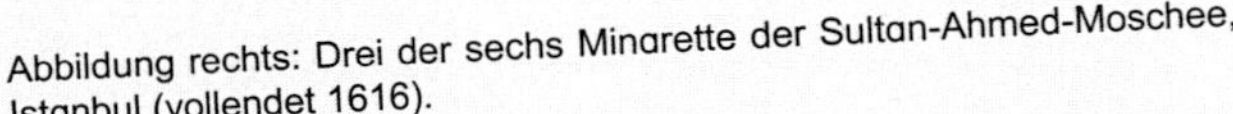

Abbildung rechts: Drei der sechs Minarette der Sultan-Ahmed-Moschee, Istanbul (vollendet 1616).

Die Gebetsnische

Der Blickfang im Moscheeraum ist die Gebetsnische, der „Mihrab". In der Gebetsnische steht beim Gemeinschaftsgebet der Imam. Die Gebetsnische zeigt die für das Gebet vorgeschriebene Richtung zur „Kaaba" in Mekka, der heiligen Stadt des Islams.

Abbildung links: Mihrab der Mezquita-Catedral in Cordoba, Spanien.

Die Waschanlage:

1. BISMIL-LAHIRR-RRAHMANIRR-RRAHIN
2. Die Hände waschen.
3. Den Mund dreimal ausspülen.
4. Die Nase dreimal waschen.
5. Das Gesicht dreimal waschen.
6. Die Arme waschen (man beginnt mit dem rechten Arm).
7. Mit der Hand dreimal über den Schädel streichen.
8. Hinten den Ohren und Nacken sauber machen.
9. Die Füße waschen (man beginnt auch hier mit dem rechten Fuß).

Abbildung rechts: Merktafel für Kinder, um sich die Reihenfolge zu merken und keine Körperstelle zu vergessen.

Test 4: Der Islam

Name: ______________________

1. Nenne die fünf Säulen des Islam:

   ______________________ **/5P**

2. Wie nennt man den Fastenmonat im Islam?

   ______________________ **/1P**

3. Wer kann alles fasten? Nenne zwei Punkte.

   ______________________ **/2P**

4. Wer ist vom Fasten ausgenommen? Nenne zwei Personen.

   ______________________ **/2P**

5. Verständnisfrage: Wenn jemand während des Fastenmonats Blut spendet, hat er dann das Gebot des Fastens laut islamischem Verständnis gebrochen?

   ______________________ **/1P**

6. Wie heißt das Heilige Buch/die heilige Schrift im Islam?

   ______________________ **/1P**

7. Wie heißt der wichtigste Prophet des Islams?

   ______________________ **/1P**

8. Erkläre, was ein „Hadsch“ ist? Und was ist ein „Hadschi“?

   ______________________ **/2P**

9. Erkläre, was die „Kaaba“ ist und wo sie sich befindet?

   ______________________ **/2P**

10. Wie heißt das Gotteshaus, in dem sich gläubige Muslime treffen?

    ______________________ **/1P**

Punkte: ____ **/ 17 P** **Note:** ____________

Unterschrift: ______________________

Bandi Koeck Grundwissen Ethik – Bestell-Nr. 11 779
KOHL VERLAG

13 POLYTHEISMUS – Der Glaube an viele Götter

Info

Polytheismus (griechisch: polys „viel" und theoi „Götter") – auf Deutsch auch als „Vielgötterei" bezeichnet – ist religiöse Verehrung einer Vielzahl von Göttern oder Geistern. Die meisten Religionen des Altertums waren polytheistisch und verfügten über ein jeweiliges Pantheon (Heiligtum) traditioneller Gottheiten. Heutige polytheistische Religionen sind allen voran der Shintō, Bön, Santería, Candomblé und einige Formen von Wicca, Voodoo, Asatru und Keltismus. Hindus sind entgegen einer noch immer verbreiteten Annahme keine Polytheisten. Der vedische Hinduismus (ca. 1200 – 600 v.u.Z.) war vermutlich eine polytheistische oder henotheistische Religion, allerdings hat sich in nachvedischer Zeit ein Monismus und Monotheismus entwickelt.

Aufgabe 1: *Betrachtet die Bilder aus Varanasi am Ganges (Indien). Was fällt euch auf? Woran erkennt ihr Religion im Alltag des Geschehens? Wie kleiden sich religiöse Menschen?*

Grundwissen Ethik
Entwicklung von Wertvorstellungen und Überzeugungen / Klasse 7-10 - Bestell-Nr. 11 779
KOHL VERLAG

14 HINDUISMUS

Info

Die drittgrößte Religion der Welt hat ihren Namen von den Engländern erhalten. Eigentlich handelt es sich dabei um einen Sammelbegriff für viele verschiedene Religionen oder Traditionen, die in Indien gelebt werden. Was allen gemeinsam ist, ist die Lehre vom **DHARMA**. Sie bestimmt das Leben der Hindus bis ins Detail: Von religiösen Ritualen, Feiern, Festen bis zur Essenszubereitung. Jeder Mensch hat sein eigenes Dharma, das er erfüllen muss. Von der Erfüllung hängt ab, ob er gutes oder schlechtes Karma bewirkt. Jede Handlung hat Folgen, was immer man tut, hat Konsequenzen. Der Glaube an die Wiedergeburt gehört genauso selbstverständlich zur gemeinsamen Tradition der indischen Religionen.

Der Ausbruch aus dem ewigen Kreislauf dieser Wiedergeburten vollzieht sich nur dann, wenn man versucht, alle Bindungen, Begierden und Wunschvorstellungen loszulassen. Das Mahabharata (in ihr die berühmte Bhagavadgita) und das Ramayana, gelten als die religiösen Hauptwerke des Hinduismus. Von eminenter Bedeutung ist nach wie vor das Kastenwesen (differenzierte Gesellschaftsordnung).

✶ **Aufgabe 1**: *Erkläre folgende Begriffe mithilfe des Internets oder passender Quellen:*

ॐ

Samsara: ____________________

Karma: ____________________

Brahman: ____________________

Vischnu: ____________________

Nirwana: ____________________

Shiva: ____________________

Ganescha: ____________________

Arier: ____________________

Avatar: ____________________

Yoga: ____________________

Ist der Hinduismus wirklich eine polytheistische Religion? ____________________

Kann man zum Hinduismus konvertieren? ____________________

Was symbolisiert der Punkt auf der Stirn? ____________________

Grundwissen Ethik
Entwicklung von Wertvorstellungen und Überzeugungen / Klasse 7-10 – Bestell-Nr. 11 779
KOHL VERLAG

15 BUDDHISMUS

Info

Buddhismus ist keine Religion im westlichen Verständnis, sondern eine Religion, die mit ihren Inhalten zugleich auch eine Philosophie ist. Benannt nach seinem Gründer Siddharta Gautama. Geboren als Sohn eines Fürsten im Jahre 566 v. Chr., soll er der Legende nach bei seiner ersten Ausfahrt aus dem Palastbereich zum ersten Mal mit Leid konfrontiert worden sein: Er begegnete einem Alten, einem Kranken und einem Toten. Das führte zu Siddhartas Einsicht: Nichts im Leben ist stabil. Alles ist von anderem abhängig. Alles ist vergänglich, letztendlich leidvoll. Siddharta zieht nun als Wanderasket durchs Land, um Erlösung vom Leiden zu finden. Vergeblich. Da zieht er sich zurück und übt sich in Meditation. Unter einem Baum erfährt er nach langer Zeit in tiefer Versenkung endlich die ersehnte Erleuchtung. So wird er zum „Erwachten" (**BUDDHA**).

Am Anfang der Lehre steht die Frage nach dem Leiden aller Wesen: Die „vier edlen Wahrheiten": Was das Leiden ist. Wie es entsteht. Wie es überwunden werden kann. Welches der Weg ist, dies zu erreichen.

Nach der Lehre des Buddha hat die Welt keinen Ursprung, sie braucht daher keinen Schöpfer. Sie entsteht aufgrund eines Weltgesetzes. Auch steht am Ende des Lebens kein Richtergott, denn das Leben selbst ist Lohn der vergangenen Taten. Was man jetzt an Gutem oder Schlechtem tut, bestimmt die künftige Existenz.

Buddha kannte keinen persönlichen Gott. Der spätere Buddhismus allerdings hat die distanzierte Haltung des Buddha zur Gottesfrage nicht beibehalten. Die Götterfülle des Hinduismus lebte im Buddhismus wieder auf. Diese haben im Buddhismus aber kein unendliches Leben, sind zwar mächtiger als Menschen, aber ebenfalls dem ewigen Kreislauf unterworfen. Als Buddha starb, hinterließ er keine Instanz, keinen Nachfolger. Deshalb zerfiel der Buddhismus in zahlreiche Gruppierungen.

✶ **Aufgabe 1:** *Erkläre folgende Begriffe mithilfe des Internets oder passender Quellen:*

Achtteiliger Pfad: ______________________

Bodhisattva: ______________________

Amida: ______________________

Zen-Buddhismus: ______________________

Dalai Lama: ______________________

Mahayana: ______________________

Lachender Buddha: ______________________

Meditation: ______________________

KOHL VERLAG Grundwissen Ethik Entwicklung von Wertvorstellungen und Überzeugungen / Klasse 7-10 – Bestell-Nr. 11 779

16 Die Geheimreligion der DRUSEN

! **Aufgabe 1:** *Lies diese Zeitungsmeldung aufmerksam durch. Notiere anschließend, was du über die Religion der Drusen erfahren hast. Vergleiche anschließend deine Ergebnisse mit jenen eines Mitschülers.*

Seit 1000 Jahren heiraten Drusen untereinander

JERUSALEM (inn) – Drusen sind eine separate ethnische Gruppe. Das hat eine genetische Untersuchung, durchgeführt von vier israelischen Universitäten und medizinischen Zentren, ergeben. Die rund 1,5 Millionen Drusen leben vor allem im Libanon, in Syrien und Israel.

Die Drusen haben eine Geheimreligion, die nur mündlich weitergegeben wird. Seit der Entstehung der drusischen Religion im 11. Jahrhundert unter dem sechsten Kalifen der ägyptischen Fatimiden-Dynastie habe es keinerlei „frisches Blut" unter den Drusen gegeben. Wie es deren Tradition vorschreibt, heiraten sie nur innerhalb ihrer Familienclans und lassen niemanden von „Außen" zu. Untersucht wurden 120 Vertreter aus 40 drusischen Familien aus dem Norden Israels und den Golanhöhen. Einbezogen wurden auch Ergebnisse veröffentlichter Studien aus dem Libanon.

Es zeigte sich, dass die Drusen über eine große genetische Ähnlichkeit verfügen und sich so von anderen Gruppen und Gemeinschaften im Nahen Osten deutlich unterscheiden. Diese Ähnlichkeit konnte 22 bis 47 Generationen zurück bis ins 11. Jahrhundert zurückverfolgt werden, wobei die Länge einer Generation bei den Forschern unterschiedlich gemessen wird. So stellten die Forscher fest, dass die Gemeinschaft der Drusen allein auf einige Hundert Familien zurückgeht, die sich vor etwa tausend Jahren der neuen Religion angeschlossen haben. Weiter entdeckten die Forscher, dass sich schon im 6. Jahrhundert, also in der Zeit der Gründung des Islams, ein Kern von Familien gebildet habe, aus denen im 11. Jahrhundert die Drusen hervorgegangen sind.

An der Studie waren unter anderen Gil Atzmon von der Universität in Haifa, Dschamal Sidan von der Bar-Ilan-Universität und Eitan Friedman von der Universität in Tel Aviv beteiligt.

Meine Notizen:

____

____

____

____

____

____

KOHL VERLAG Grundwissen Ethik Entwicklung von Wertvorstellungen und Überzeugungen / Klasse 7-10 – Bestell-Nr. 11 779

17 Fragen zum Thema Glauben

! **Aufgabe 1:**

Sicher hast du auch schon oft gehört – vor allem in der Schule –, dass „glauben nicht wissen" bedeute. Doch ist das wirklich so? Beantworte zusammen mit einem Partner oder in einer Kleingruppe folgende Fragen und nennt zu jeder Frage mindestens ein Beispiel.

Kannst du etwas glauben, ohne es zu wissen?

Kannst du etwas wissen, ohne es zu glauben?

Kannst du an etwas glauben, ohne es zu verstehen?

Kannst du etwas verstehen, ohne es zu glauben?

Kannst du etwas glauben, an dem du zweifelst?

Kannst du an etwas zweifeln, an das du glaubst?

Grundwissen Ethik
Entwicklung von Wertvorstellungen und Überzeugungen / Klasse 7-10 – Bestell-Nr. 11 779
KOHL VERLAG

18 Religiöse Werte und Gefühle

! **Denk- und Diskussionsaufgabe:** *Oft hören wir, dass Menschen in ihren religiösen Werten und Gefühlen verletzt werden. Sind Religionen immer heilig? Was gilt für dich als unantastbar und besonders wichtig? Und was sollte möglich zu hinterfragen oder gar kritisieren sein? Analysiere die Aussagen und nenne auch weitere Beispiele, welche du auf die leeren Zeilen schreibst:*

Im Christentum:

„Man sagt nicht mehr Weihnachtsbaum. Es heißt jetzt: Extrem beleuchtetes Nadelgehölz mit Religionshintergrund."

Im Islam:

„Es verletzt unsere religiösen Gefühle, wenn Andersgläubige in unserer Gegenwart Alkohol trinken oder Schweinefleisch essen und wenn sich Frauen nicht mit einem Kopftuch ihr Haar bedecken."

Im Judentum:

„Menschen jüdischen Glaubens als Juden zu bezeichnen ist nicht richtig. Schließlich gab es zwölf Stämme und Juda war nur einer davon. Treffender wäre sicher Hebräer oder Israeliten."

Weitere Beispiele:

____

____

____

Diese religiösen Werte sind für mich unantastbar:

____

____

____

Diese Themen oder Glaubensfragen sollten kritisch hinterfragt werden können:

____

____

____

KOHL VERLAG Grundwissen Ethik Entwicklung von Wertvorstellungen und Überzeugungen / Klasse 7-10 – Bestell-Nr. 11 779

19 BETEN – Verschiedene Gebete

! **Aufgabe 1:**

Lies die verschiedenen Gebete aufmerksam durch. Schreibe anschließend dein eigenes, ganz persönliches Gebet auf. Du kannst darin schildern, wie es dir derzeit geht. Schreibe in der Ich- und Du-Form. Zeichne auch Symbole zu einem Gebet (z. B. Hände, Gitterstäbe, Sonne etc.). Du kannst auch ein Gebet in Form eines Rap-Textes verfassen.

Abendgebet
Sei unser Heil, o Herr, derweil wir wachen, behüte uns, da wir schlafen, auf dass wir wachen mit dir und ruhen in Frieden.

Gute-Nacht-Gebet
Müde bin ich geh zu Ruh',
schließe meine Äuglein zu.
Vater lass' die Hände dein,
über meinem Bette sein.

Die Fülle des Lebens
Herr, öffne meine Lippen, damit mein Mund Gutes verkünde. Öffne meine Augen, damit ich das Schöne in der Welt sehe. Öffne meine Ohren, damit ich notleidende Stimmen höre und auch mein Herz.

Du bist bei mir
Gott, ein neuer Tag wartet auf mich. Ich weiß nicht, was alles geschehen wird. Aber das weiß ich: Du bist immer bei mir.

Im Namen Gottes
Im Namen Gottes den Tag anfangen.
Im Namen Gottes den Menschen begegnen.
Im Namen Gottes meine Arbeit tun.
Im Namen Gottes meine Zeit einteilen.
Im Namen Gottes alles tun. Ich will es versuchen. In Deinem Namen. Amen.

Zum Schutzengel
Heiliger Schutzengel, Gottes liebende Sorge hat dich mir zum Begleiter gegeben. Du bist sein Anruf an mein Gewissen: Verhilf mir zu klarer Entscheidung. Du bist seine führende Hand: Bleibe bei mir Tag und Nacht. Du bist sein machtvoller Arm: Kämpfe mit mir für sein Reich.

Traveler's Prayer
May it be your will, O Lord, to guide me in peace, that I might reach my destination safely. Guard me from danger during my journey. Provide guidance to those who direct our pathways through the heavens, over land and sea. May we find favor in your eyes. Blessed are you O Lord, Who responds to prayer. Amen.

20 ATHEISMUS – Was sind Atheisten und Agnostiker?

„Nicht Gott hat die Menschen geschaffen, sondern die Menschen haben Gott erschaffen!"

Begriffsdefinitionen:

ATHEISMUS
(altgriechisch átheos = „ohne Gott") ist die Überzeugung, dass es keinen Gott oder göttliche Existenz gibt. Ein Atheist ist somit jemand, der nicht an Gott glaubt.

AGNOSTIZISMUS
(altgriechisch a-gnoein = „Unwissen") ist die philosophische Ansicht, dass die Existenz oder Nichtexistenz einer höheren Instanz wie eines Gottes grundsätzlich nicht zu klären ist.

! **Diskussionsfragen:**

- *Was denkst du über dieses Zitat?*
- *Denkst du wirklich, dass jemand an nichts glauben kann? Was könnte denjenigen dazu veranlasst haben, seinen Glauben zu verlieren?*
- *Kennst du Menschen, die von sich behaupten, dass sie Atheisten sind?*
- *Was veranlasst Menschen an etwas zu glauben, dessen Existenz nicht beweisbar ist?*

KOHL VERLAG Grundwissen Ethik
Entwicklung von Wertvorstellungen und Überzeugungen / Klasse 7-10 – Bestell-Nr. 11 779

Alternative Religionen - Pastafarianismus

Niko Alm hat als Angehöriger des "Pastafarianismus" den Antrag für eine religiöse Kopfbedeckung gestellt und nach drei Jahren das Dokument erhalten. Die Behörden haben ein Nudelsieb als religiöse Kopfbedeckung auf einem Führerscheinfoto akzeptiert. Der Unternehmer und bekennende Atheist Niko Alm hatte vor drei Jahren einen dementsprechenden Antrag gestellt, der vor wenigen Tagen von der Polizei bewilligt wurde. Da Kopfbedeckungen aus religiösen Begründungen auf Lichtbildausweisen akzeptiert werden, habe er es mit seiner Zugehörigkeit zum "Pastafarianismus" begründet, so Alm am Dienstag.

Bereits 2008 stellte Alm den Antrag auf Ausstellung eines Scheckkarten-Führerscheins. Die Idee zur ungewöhnlichen Kopfbedeckung sei ihm gekommen, als ihm eine Broschüre des früheren Verkehrsministers Hubert Gorbach in die Hand fiel. Dort habe es geheißen, niemand dürfe mit Kopfbedeckung aufs Foto - außer eben einer "konfessionellen". Alm fotografierte sich – passend zu seiner Angehörigkeit zu den "Pastafari" – mit einem Nudelsieb auf dem Kopf und übergab dies persönlich einem Beamten. Auch bei der Übergabe trug er ein Sieb auf dem Haupt. "Der hat nichts gesagt."

Vorladung beim Amtsarzt

Alms ungewöhnlicher Antrag fiel den Behörden schließlich doch noch auf. Via Telefon sei er informiert worden, dass sein Führerscheinfoto so nicht möglich sei. Der Unternehmer verlangte daraufhin einen schriftlichen Bescheid, bekam stattdessen aber eine Vorladung zum Amtsarzt. Dieser musste schließlich feststellen, dass Alm "psychisch befähigt" sei, ein Auto zu lenken. Einer weiteren Vorladung zum Verkehrsamt sei er nicht nachgekommen. Nach insgesamt drei Jahren erhielt Alm nun die Mitteilung, dass der Führerschein abgeholt werden könne.

Mit der Führerschein-Aktion will es Alm allerdings nicht belassen. Er will einen Antrag auf Anerkennung des "Pastafarianismus" in Österreich stellen. Dieser wurde 2005 vom US-amerikanischen Physiker Bobby Henderson gegründet, Gottheit ist das Fliegende Spaghettimonster. (APA)

21 Alternative Religionen - Pastafarianismus

✶ **Aufgabe 1**:

a) *Lies den Text genau durch.*

b) *Markiere alle Passagen, die dir etwas über die Religion verraten.*

c) *Kennst du noch andere, sogenannte Satire-Religionen? Denke an Comic- und Filmfans.*

d) *Beschreibe eine der Religionen mit deiner eigenen Meinung: Was hältst du von dieser Religion? Was ist das Besondere an ihr?*

e) *Erstelle eine Liste mit weiteren (neuartigen) Religionen, die dir bekannt sind. Denke auch an die Vielzahl an verschiedenen Religionsgemeinschaften innerhalb deines Landes (z.B. Evangelikale, Methodisten, Pfingstler…) wie auch an Sekten (Scientology, Satanisten...).*

f) *Erfinde deine eigene Religion.*

Meine eigene Religion

Name: ____________________

Symbole: ____________________

____

Oberhaupt: ____________________

Heiligtümer: ____________________

____

Heilige Orte: ____________________

____

Feiertag(e): ____________________

____

Leben nach dem Tod: ____________________

____

Gebote/Verbote: ____________________

____

✶ **Aufgabe 1:** *Lies den Zeitungsbericht aufmerksam durch. Auf der nächsten Seite kannst du dir Notizen zu deinen persönlichen Gedanken machen. Anschließend setze dich mit einem Partner zusammen und sprecht über das Gelesene, bevor ihr in der Gruppe darüber diskutiert.*

Schon Kinder bezahlen für Sex

In Frankreichs Schulen gehört Prostitution zum Alltag. Jungs "verkaufen" ihre Freundinnen
Von Verena Hölzl

Der Oralverkehr auf dem Schulklo kostet 25 Euro. "Das glaubt mir nie jemand", sagt Armelle Le Bigot Macaux, "aber die Prostitution hat Einzug in unsere Schulen gehalten." Die Französin ist Präsidentin des Vereins Agir contre la prostitution des enfants (Handeln gegen die Prostitution von Kindern). Seit Jahren beobachtet sie, dass in Frankreich immer mehr Jugendliche Sex als Ware betrachten. "Wir sprechen hier von Zwölf- bis 14-Jährigen."

Frankreich wagt sich derzeit an ein Thema, das wohl nicht nur dort verbreitet ist: Sexualstraftaten unter Kindern. Jungs reichen ihre Freundinnen an Kumpels weiter – gegen Geld. "Das ist alles nicht so schlimm. Die echten Küsse bekommt eh nur mein Freund", beteuern die Mädchen, die ihrerseits unter dem Vorwand des Liebesbeweises zum Sex gezwungen werden. Der Verein von Le Bigot Macaux tritt derzeit in neun solchen Fällen als Nebenkläger auf.

Oft handelten die Schülerinnen auch auf eigene Rechnung. Dann werde das Dumping um den Preis für den Oralverkehr schon mal zum Problem zwischen Mädchencliquen, berichtet Le Bigot Macaux, die darüber nur den Kopf schütteln kann. Das große Erwachen kommt in der Regel, wenn die Handlungen über die sozialen Netzwerke öffentlich werden. "Dann entlädt sich die ganze Häme über die Jugendlichen, und sie erkennen, dass es weder richtig noch normal war, was sie getan haben", sagt die Buchautorin.

Von solchen Fällen kann auch Claire Berest erzählen. Die ehemalige Lehrerin hat für ein Buchprojekt über die Befindlichkeiten französischer Jugendlicher ein Dutzend Polizisten aus der Jugendschutzabteilung der Pariser Polizei interviewt. Verrohung von Sexualität sei demnach keine Frage des Milieus. "Die Geschichten aus Vorortschulen und prestigeträchtigen Pariser Gymnasien unterscheiden sich nicht", stellt die 32-Jährige fest. Das bestätigt auch Vianney Dyèvre, der seit September in Paris die Jugendschutzabteilung der Polizei leitet. Allerdings warnt er vor Alarmismus. Der Begriff Prostitution geht ihm in die falsche Richtung. Für ihn handelt es sich um Vergewaltigungen, mehr und mehr auch in der Gruppe verübt, bei denen Täter und Opfer fast noch Kinder seien. Auf das Schulmilieu will er sich dabei nicht festlegen.

Dass allerdings selbst seine geschulten Beamten manchmal überfordert sind, leugnet er nicht: „Da steht zum Beispiel eine Zwölfjährige vor Ihnen, die nacheinander Sex mit sieben Jungs hatte. Mit vier von denen war sie einverstanden, mit dreien nicht. Wie verhalten Sie sich da als Polizist?" Zwölfjährige entsprechen nicht dem Bild von Sextätern. „Die Kinder wissen ja gar nicht, was sie da eigentlich tun", sagt Dyèvre. Sex sei für viele von ihnen zum rein technischen Akt geworden. Von den Beamten befragt, verstünden sie oft die Welt nicht mehr: „Das habe ich so im Internet gesehen", heiße es oft zur Erklärung.

Grundwissen Ethik
Entwicklung von Wertvorstellungen und Überzeugungen / Klasse 7-10 – Bestell-Nr. 11 779

22 Tabuthemen: Umgang mit Sexualität im Kindesalter

„Wir müssen unsere Kinder wieder für Sexualität sensibilisieren", sagt Le Bigot Macaux. „,Du bekommst dein Handy erst wieder, wenn du mir einen bläst' – Was sind das denn für Relationen?" Die Expertin hat eine Aufklärungskampagne ins Leben gerufen, die im Internet zu sehen ist. Ein Schulranzen, eine halb offene Toilettentür und ein kniendes Mädchen; oder ein Waldstück mitten in der Nacht und ein vornübergebeugter Junge. Die Szenen sind vage, aber eindeutig. Für Pädagogen hat der Verein "Handeln gegen die Prostitution von Kindern" Informationsmaterial entwickelt, das im Rahmen eines Kolloquiums zum Thema im Oktober vorgestellt wurde. Das Angebot wird Le Bigot Macaux zufolge rege angenommen. „Was beweist, dass wir es hier mit einem verbreiteten Problem zu tun haben und Handlungsbedarf besteht."

Um Studien und Zahlen zu diesem Phänomen kämpft sie allerdings noch. Damit könnte sie sich Kritikern wie Dyèvre gegenüber rechtfertigen. Der Verein bezieht sich bislang nur auf Rückmeldungen von Lehrern und von Organisationen, die sich gegen Prostitution einsetzen, und geht darauf basierend von mindestens 5000 Fällen im französischen Schulmilieu aus. Belastbar sind diese Zahlen allerdings nicht. Eindeutig belegt hingegen ist, dass in der nordfranzösischen Stadt Lille 2014 dreimal so viele Kinderprostituierte in Gewahrsam genommen worden sind wie noch zwei Jahre zuvor. Eines der insgesamt 21 Mädchen ist Laura. Als wäre es das Selbstverständlichste der Welt, geht sie auf den Strich. Sie ist zwölf Jahre alt.

Offiziellen Schätzungen zufolge verkaufen in Frankreich 4000 bis 5000 Minderjährige ihre Körper. Diese Zahlen bestätigt auch Yves Charpenel. „Vor zehn Jahren waren die Zahlen noch anekdotisch, heute ist Laura kein Einzelfall mehr", sagt er. Charpenel ist Präsident der Stiftung Scelles, die sich weltweit gegen Prostitution einsetzt. Als Oberstaatsanwalt am Kassationsgerichtshof hat er auch juristisch mit Prostitution zu tun. Er beobachtet, dass sowohl Täter als auch Opfer von Sexualdelikten immer jünger werden. Das sei nicht nur in Frankreich so, sondern weltweit. Schätzungen der Stiftung zufolge seien von den weltweit 40 Millionen Opfern von Prostitution inzwischen 20 Prozent minderjährig.

Ein großer Teil prostituiert sich auf der Straße oder im Internet, ein kleiner Teil in französischen Schulen. Charpenel und seine Mitstreiter im Kampf gegen Kinderprostitution wollen darüber nicht länger schweigen: „Was vor 30 Jahren an unseren Schulen die Drogen waren, das ist heute die Prostitution." © WeltN24 GmbH 2015

Meine Notizen:

23 Zu guter Letzt: Gehe behutsam deinen Weg

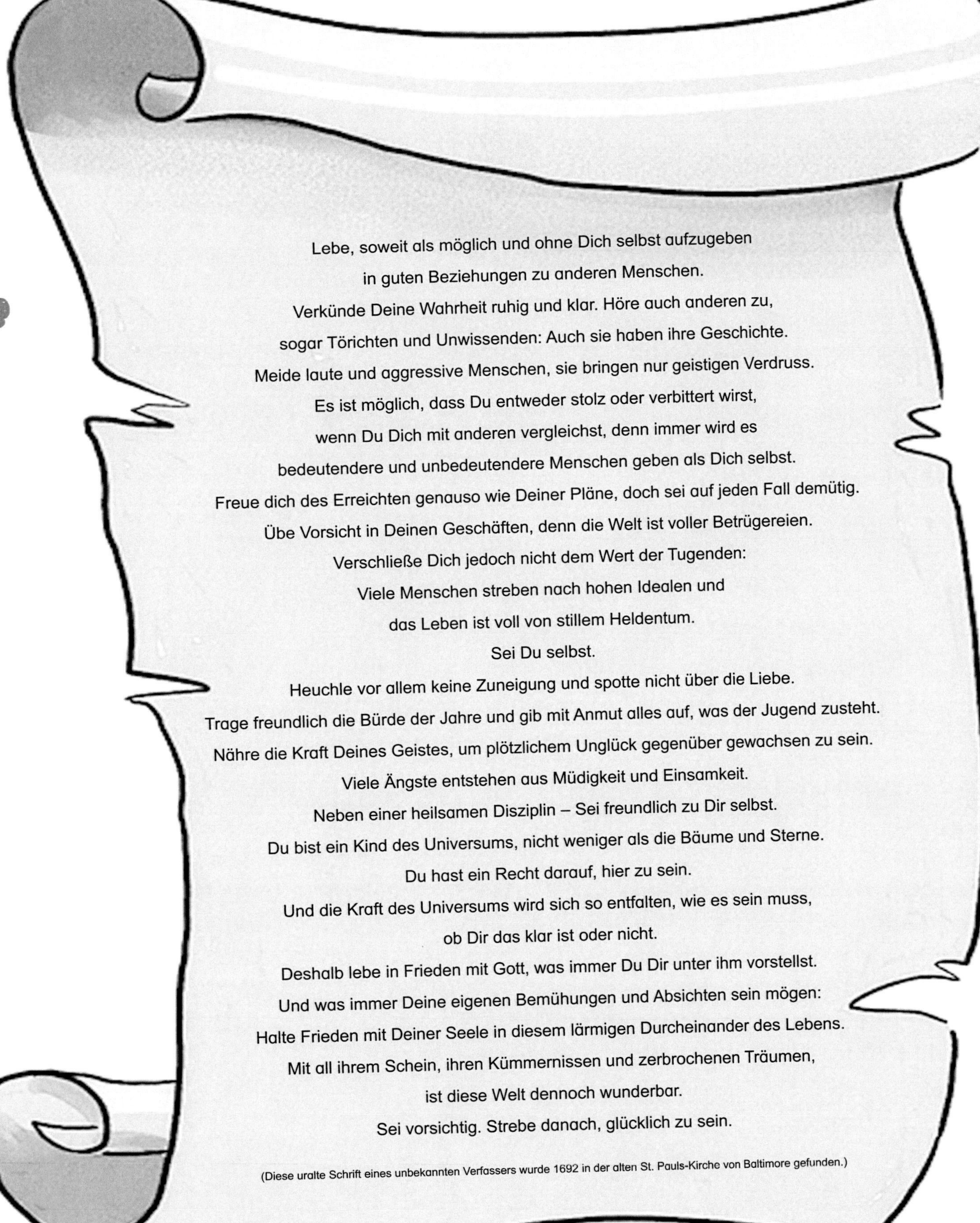

Lebe, soweit als möglich und ohne Dich selbst aufzugeben
in guten Beziehungen zu anderen Menschen.
Verkünde Deine Wahrheit ruhig und klar. Höre auch anderen zu,
sogar Törichten und Unwissenden: Auch sie haben ihre Geschichte.
Meide laute und aggressive Menschen, sie bringen nur geistigen Verdruss.
Es ist möglich, dass Du entweder stolz oder verbittert wirst,
wenn Du Dich mit anderen vergleichst, denn immer wird es
bedeutendere und unbedeutendere Menschen geben als Dich selbst.
Freue dich des Erreichten genauso wie Deiner Pläne, doch sei auf jeden Fall demütig.
Übe Vorsicht in Deinen Geschäften, denn die Welt ist voller Betrügereien.
Verschließe Dich jedoch nicht dem Wert der Tugenden:
Viele Menschen streben nach hohen Idealen und
das Leben ist voll von stillem Heldentum.
Sei Du selbst.
Heuchle vor allem keine Zuneigung und spotte nicht über die Liebe.
Trage freundlich die Bürde der Jahre und gib mit Anmut alles auf, was der Jugend zusteht.
Nähre die Kraft Deines Geistes, um plötzlichem Unglück gegenüber gewachsen zu sein.
Viele Ängste entstehen aus Müdigkeit und Einsamkeit.
Neben einer heilsamen Disziplin – Sei freundlich zu Dir selbst.
Du bist ein Kind des Universums, nicht weniger als die Bäume und Sterne.
Du hast ein Recht darauf, hier zu sein.
Und die Kraft des Universums wird sich so entfalten, wie es sein muss,
ob Dir das klar ist oder nicht.
Deshalb lebe in Frieden mit Gott, was immer Du Dir unter ihm vorstellst.
Und was immer Deine eigenen Bemühungen und Absichten sein mögen:
Halte Frieden mit Deiner Seele in diesem lärmigen Durcheinander des Lebens.
Mit all ihrem Schein, ihren Kümmernissen und zerbrochenen Träumen,
ist diese Welt dennoch wunderbar.
Sei vorsichtig. Strebe danach, glücklich zu sein.

(Diese uralte Schrift eines unbekannten Verfassers wurde 1692 in der alten St. Pauls-Kirche von Baltimore gefunden.)

Ideenbox: Beurteilungen, Referate & Projekte

Beurteilungskriterien für den Ethikunterricht:

Fähigkeiten und Haltungen, die im Ethikunterricht besonders gefördert werden:

- Zur Stille finden
- Erleben – begegnen – fragen – philosophieren
- Achten – Werte schätzen – Ehrfurcht haben
- Symbole bzw. Symbolik verstehen
- Gemeinschaftsfähig sein

Arbeitshaltungen im Ethikunterricht:

- Mitarbeit
- Arbeit in Gruppen
- Einsatz bei Festen und Feiern
- Einsatz bei Projekten
- Durchführung von Arbeitsaufträgen
- Durchführung schriftlicher/manueller Arbeiten

Wissen, Fertigkeiten und Kompetenzen:

- (Kinder)Menschenrechte
- Weltreligionen mit Symbolen, Gebetshäusern, Ritualen und Feiern
- Soziales Handeln/Wissen (ETHIKETTE)

Bewertung des Lernjournals oder Ethikheftes:

- Am Anfang des Schuljahres kann die Lehrkraft veranlassen, dass alle Schüler einer Klasse das Bewertungsblatt (siehe Seite 55) in die Umschlaginnenseite ihres Heftes oder Lernjournals einkleben. Am jeweiligen Semester- oder Schuljahresende sammelt die Lehrkraft die Hefte ein und benotet sie anhand der angeführten Kriterien. Diese Heftnote kann einen Teil der Ethiknote im Zeugnis ausmachen.

Grundwissen Ethik
Entwicklung von Wertvorstellungen und Überzeugungen / Klasse 7-10 – Bestell-Nr. 11 779
KOHL VERLAG

Kopiervorlage:

Bewertung: ETHIKHEFT

Name: ______________________ *Klasse:* _____ *Datum:* ____________

	1	1,5	2	2,5	3	3,5	4
Inhalt: Vollständigkeit							
Darstellung							
Originalität/Kreativität							
Rechtschreibung							
Fleiß							

Bemerkungen zur Heftführung:

____

____

____

Lehrer: ______________________________ *Note:* ____________

Unterschrift der Erziehungsberechtigten: ______________________

KOHL VERLAG

24 Ideenbox: Beurteilungen, Referate & Projekte

Zitate:

Es gibt Unmengen von guten Zitaten aus allen Zeitepochen, Kulturen und Ländern dieser Welt. Zitate eignen sich entweder optimal für einen gelungenen Einstieg in den Unterricht, in ein neues Thema, einfach so zwischendurch oder zum Abschluss einer Unterrichtseinheit.

„Gott hat dir heute 86.400 Sekunden geschenkt. Hast du eine dazu verwendet, ‚Danke' zu sagen?" (William A. Ward)

„Gott denkt in Genies, träumt in den Dichtern und schläft in den übrigen Menschen." (Peter Altenberg)

„Wenn es einen Glauben gibt, der Berge versetzen kann, so ist es der Glaube an die eigene Kraft." (Marie von Ebner-Eschenbach)

„Wir verlangen manchmal so sehr, Engel zu sein, dass wir darüber vergessen, gute Menschen zu sein." (Franz von Assisi)

„Gebt denen, die hungern, von eurem Reis. Gebt denen, die leiden, von eurem Herzen!" (Sprichwort aus China)

„Glücklich ist, wer sich bei Sonnenuntergang über die aufgehenden Sterne freut." (Ludwig Adalbert Balling)

Themen für Referate und Vorträge:

Vorgaben: Mindestdauer von 10 Minuten, Gestaltung eines Plakates und/oder einer Powerpoint-Präsentation, Stichwortzettel erlaubt.

- Moses und die Zehn Gebote
- Das Heilige Land Israel
- Der Rabbi und die Synagoge
- Feste und Feiern im Judentum (Shabbat, Hanukka, Rosh Ha-Shana, Sukkot, Pessach)
- Feste und Feiern im Christentum (Sonntag, Ostern, Weihnachten, Marienfeiertage)
- Der Heilige Nikolaus von Myra
- Die christlichen Kirchen und christliche Sekten
- Das Papsttum und der Vatikan
- Der Prophet Mohammad
- Der Hadsch – Pilgerreise nach Mekka
- Das Innere einer Moschee (Gebetsnische, Minarette, Waschanlagen etc.)
- Berühmte Moscheen aus aller Welt
- Der Fastenmonat Ramadan

25 Weiterführende Tipps

Literatur:

- **Hofmann, Angelika:** Kreuzworträtsel Ethik. Sekundarstufe. 50 Kopiervorlagen. Kohlverlag 2013. ISBN 978-3-86632-430-5.
- **Kraus, Stefanie:** Kohls Stationenlernen Weltreligionen. 5. – 6. Schuljahr. Kohlverlag 2014. ISBN 978-3-95686-506-0.
- **Baumgartner, Markus; Höfler, Alfred:** Weltbilden. Ethik, Religionen, Kultur im Unterricht. Arbeitsheft Sekundarstufe 1. Schulverlag plus 2011. ISBN 978-3-292-00668-4.
- **Eich, Thomas; Bednorz, Lars:** Thema Weltreligionen. Islam. Klett 2011. ISBN 978-3-12-694101-3.
- **Bednorz, Lars; Zotter, Astrid:** Thema Weltreligionen. Hinduismus. Klett 2014. ISBN 978-3-12-694106-8.
- **Bednorz, Lars; Tworuschka Udo:** Thema Weltreligionen. Buddhismus. Klett 2012. ISBN 978-3-12-694103-7.
- **Bundeszentrale für politische Bildung (bpb)/Deutsches Institut für Menschenrechte/Europarat (Hrsg):** Kompass. Handbuch zur Menschenrechtsbildung für die schulische und außerschulische Bildungsarbeit. Themen und Materialien. 1. Auflage 2005. ISBN 3-89331-596-9.
- **Europäisches Jugendzentrum Straßburg (Hrsg):** Alle anders alle gleich: education pack: Ideen, Quellen, Methoden und Aktivitäten für die informelle interkulturelle pädagogische Arbeit mit Jugendlichen und Erwachsenen. 1. Auflage 1995. Zu beziehen unter: www.coe.fr/youth oder unter: publishing@coe.int.

Links

- Einzigartige Werkzeuge zur Umsetzung der Menschenrechte: *YouthforHumanRights.org*
- Terra X - Die zehn Gebote: *http://www.youtube.com/watch?v=nxDxnR-ObZ4*
- Was sind die Zehn Gebote?: *http://www.youtube.com/watch?v=pEdhETSf8fk*
- "Du sollst nicht ..." - Die Zehn Gebote im Spiegel der Zeit: *http://www.youtube.com/watch?v=P0VjQkp5uPg*
- Überblick über bekannte Sekten: *http://www.focus.de/wissen/mensch/campus/tid-8251/sekten_aid_228706.html*

Lösungen

1 Ethische Grundbegriffe

1. Lösung der Reihe nach: Rechtsstaat, Gesetz, Anarchie, Frieden, Weltfrieden, Ethos, Moral, Verantwortungsbewusstsein, Zusammenleben, Humanität, Würde, Menschenrechten.

2 ETHIKETTE – Moralische Prinzipien für junge Menschen on- und offline

1. Individuelle Lösungen

3 Menschenrechte verbildlichen

1. Individuelle Lösungen

4 Welche Kindermenschenrechte sind für mich am wichtigsten?

1. Individuelle Lösungen

5 Glück – Was heißt das für mich?

1. Individuelle Lösungen

6 Meine persönliche Religionslandkarte

1. Individuelle Lösungen

7 Glauben – An was glaubst eigentlich du?

1. Individuelle Lösungen

8 Übersicht der Religionen dieser Welt

1. Individuelle Lösungen

9 MONOTHEISMUS – Der Glaube an einen Gott

1.

	JUDENTUM	CHRISTENTUM	ISLAM
ENTSTEHUNGSZEIT	Ca. 2500 v.u.Z.	Ca. 30 n.u.Z.	570 n.u.Z.
SYMBOL(E)			
GOTTESNAMEN	Jahwe, Elohim, Adon	Gott, Vater, Jesus	Allah (99 Namen)
GRÜNDER	Abraham, Mose, David	**Paulus**	**Mohammed**
HEILIGE SCHRIFTEN	**Tora, Hebräische Bibel**	Altes und Neues Testament	**Koran**
HEILIGE STÄTTEN	Israel und insbes. Jerusalem (Westmauer)	Jerusalem, Betlehem, Rom, Wallfahrtsorte	Mekka, Medina
HEILIGE ZEITEN/ FEIERTAGE	Shabbat (Freitag Abend bis Sonntag Abend)	**Sonntag**	**Freitag**
FESTE UND BRÄUCHE	Pessach, Chanukka, Purim; Bar/Bat Mitzva	Ostern,Weihnachten; Taufe, Konfirmation	Fastenmonat Ramadan, Beschneidung
GOTTESHÄUSER	**Synagoge (Bet Knesset)**	Kapelle, Kirche, Dom, Basilika, Kloster	Moschee (Camii)
ZENTRALES THEMA	Bund Gottes mit seinem Volk	**Nachfolge Jesu**	Hingabe an Allah, Finden der Erleuchtung
GRUNDSÄTZE	**Gottesverehrung, Gebote, Erinnerung**	Nächstenliebe, Verkündigung, Gottesdienst	Fünf Säulen des Islam: Glaubensbekenntnis, Tägliches Gebet, Sozialabgabe, Fasten im Ramadan, Pilgerfahrt nach Mekka
STRÖMUNGEN	Orthodoxes Judentum, messianische Juden etc.	Römisch-Katholisch, Protestantisch, Evangelisch, Orthodox, Anglikanisch, Altkatholisch etc.	**Sunniten, Shiiten etc.**

Lösungen

9.1 Judentum – Christentum - Islam

1.

	2		Taufe			3	Ramadan
1	2	3	Gott hat die Welt erschaffen	1	2	3	Glaube an einen einzigen Gott
	2		Weihnachten	1			Synagoge
	2		Kreuz	1	2		Jerusalem als heilige Stadt
	2		Altes und Neues Testament		2		Jesus ist Sohn Gottes
		3	Gebet, Almosen und Fasten	1			Paschafest
		3	Moschee	1			Menorah
	2		Kirche	1	2	3	Abraham
1	2		Bibel			3	Koran
1			Torarolle			3	Die fünf Säulen
		3	Mekka und Medina	1	2		Die Zehn Gebote
	2		Adventskranz	1			Klagemauer
	2		Dreifaltigkeit (Vater/Gott/Heiliger Geist)				

10 JUDENTUM

1.

Mohel	Vollführt die Beschneidung nach jüdischem Brauch.
Talmud	Enthält die Lehren und Meinungen 1000-er Rabbinern zu den Regeln der Tora.
Chassidim	Zweig des orthodoxen Judentums
Bar-Mizwa	Feier und Rituale zur Mündigkeit von Knaben
Bat-Mizwa	Feier und Rituale zur Mündigkeit von Mädchen
Kabbala	Mystische Tradition des Judentums
Sabbat	Heiliger Tag des Judentums
Purim	Fest, das an die Rettung der Israeliten in der persischen Diaspora erinnert (siehe: Buch Ester).
Pessach	Wichtigstes Fest des Judentums, erinnert an den Exodus aus Ägypten
Sukkot	Laubhüttenfest, ein altes Wallfahrtsfest
Chanukka	Acht Tage dauerndes Fest, das an die Wiedereinweihung des Zweiten Tempels erinnert.
Koscher	„geeignet", „tauglich" „rein"/bezeichnet erlaubte Lebensmittel im Judentum
Tora	Pentateuch/die 5 Bücher Mose.

10.1 Das hebräische Alphabet

1.

Shalom/Friede:	שלום
Schabbat/Samstag:	שבת
Boker Tov (Guten Morgen):	בוקר טוב
Chawer (Freund):	חבר

10.2 DEKALOG – Die Zehn Gebote

1. a) Individuelle Lösung (kann auch in Mundart oder Umgangssprache sein!)
   b) Vor allem das fünfte, sechste und siebte Gebot. Wenn ein Mensch getötet wird, kann dies nicht mehr ungeschehen gemacht werden. Genauso verhält es sich mit Ehebruch, der begangen wurde. Das Vertrauen in der Beziehung ist verletzt oder für immer verloren. Bei Diebstahl verhält es sich ähnlich.
   c) Individuelle Lösungen
   d) Individuelle Lösungen
   e) Individuelle Lösungen

Zusatzaufgabe: Individuelle Lösungen

Grundwissen Ethik
Entwicklung von Wertvorstellungen und Überzeugungen / Klasse 7-10 – Bestell-Nr. 11 779

Lösungen

10.3

Lückenmerktext

1. Moses schrieb die Zehn Gebote auf dem Berg **Sinai** auf, als das Volk auf der Flucht aus **Ägypten** war.
Die Zehn Gebote sollten dem Volk **Israel** helfen, in **Frieden** zu leben.
Falsch gegen jemanden aussagen heißt heute über jemanden **Lügen** zu erzählen.
Du sollst nicht begehren bedeutet auch, dass du nicht **neidisch** sein sollst.

2.

1. Du sollst an deinen Gott glauben!
2. Du sollst den Namen Gottes nicht missbrauchen!
3. Du sollst den Tag des Herrn heiligen!
4. Du sollst Vater und Mutter ehren!
5. Du sollst nicht töten!
6. Du sollst nicht die Ehe brechen!
7. Du sollst nicht stehlen!
8. Du sollst nicht lügen!
9. Du sollst nicht begehren deines Nächsten Frau!
10. Du sollst nicht begehren deines Nächsten Gut!

10.4

Test 2: Das Judentum

1.

1. Wie nennt man das Gotteshaus der Juden? (Zusatzfrage: Was bedeutet das Wort übersetzt?)
   Synagoge oder Beit Knesset (Haus der Versammlung)
2. Was finden wir im Inneren des Gotteshauses?
   Altar mit Torarolle und Bänke. Männer und Frauen oft räumlich voneinander getrennt. Schöne Fenster.
3. Welches ist der Fest- und Ruhetag im Judentum?
   Der Shabbat (Freitagabend bis Samstagabend)
4. Erkläre den Begriff „Bar Mitzwa"/"Bat Mitzwa"
   Bar Mitzwa ist die religiöse Mündigkeit bei Jungen (mit 13 Jahren) und Bat Mitzwa bei Mädchen (mit 12 Jahren).
5. Welche(s) jüdische Symbol(e) kennst du? Zeichne es auf:

6. Wie heißt das jüdische Erkennungszeichen, welches gläubige Männer auf dem Kopf tragen?
   Kippa(h) oder Yarmulke
7. An was erkennst du orthodoxe, also strenggläubige Juden, wie sie z.B. in Zürich zu finden sind?
   An der Kleidung, Haartracht sowie an der Einhaltung der Gebote und Verbote wie etwa den Speisegesetzen.
8. Die Thorarollen sind den Juden heilig. Worin äußert sich das im religiösen Alltag?
   Dass diese nur mit dem Thorazeiger und nicht mit dem Finger gelesen und bei Nichtgebrauch oder Beschädigung beerdigt wird.
9. Welche Jiddischen Wörter, die wir heute im Deutschen noch verwenden, kennst du?
   Mischpoche (Familie), Tohuwabohu (Durcheinander), Guter Rutsch (rosch-ha-schana), koscher (rein) etc.
10. Was weißt du über die jüdische Sprache und Schrift? (Zusatz: Kannst du ein Wort aufschreiben?)
    Sie wird von rechts nach links geschrieben und gelesen, Vokale werden in der Regel nicht geschrieben (in der hebräischen Bibel punktiert, damit es beim Lesen keine Missverständnisse gibt).

11

CHRISTENTUM

1.

Trinität	Dreifaltigkeit (Gott Vater/Gott Sohn/ Gott Heiliger Geist)
Auferstehung	ewiges Leben nach dem Tod
Jüngstes Gericht	Weltgericht am Ende der Zeiten
Inkarnation	Menschwerdung des Gottessohnes.
Weihnachten	Geburtsfest Jesu Christi
Ostern	Fest der Auferstehung Jesu – wichtigstes und höchstes Fest der Christenheit.
Evangelien	Berichte über Jesu Leben und Wirken (Mt,Mk,Lk,Jo)
Apokryphen	Texte mit religiösem Inhalt, die nicht in den Kanon der Hl. Schrift aufgenommen wurden
Mönchtum	eine bestimmte christliche, asketische Lebensweise, fern ab der Familie, in Klöstern konzentriert
Zölibat	Ehelosigkeit der Priester in der kath. Kirche
Ikonen	Kultbilder von Heiligen in der Ostkirche.
Sakramente	sichtbares Zeichen, das unsichtbare Heilswirklichkeit deutlich macht. (z.B.: Taufe....)

Lösungen

11.1 Das Vater-Unser-Gebet

1.

- 03 Dein Reich komme.
- 02 Geheiligt werde Dein Name.
- 04 Dein Wille geschehe,
- 01 Vater unser im Himmel,
- 07 Und vergib uns unsere Schuld,
- 13 Amen.
- 12 Und die Herrlichkeit in Ewigkeit
- 06 Unser tägliches Brot gib uns heute.
- 05 Wie im Himmel so auf Erden.
- 09 Und führe uns durch die Versuchung,
- 08 Wie auch wir vergeben unsern Schuldigern.
- 11 Denn Dein ist das Reich und die Kraft
- 10 sondern erlöse uns von dem Bösen.

2. - 4. Individuelle Lösungen

11.2 Fragen aus der Millionenshow

1.

€ 1.000-Frage
Wie nennt man den Siedlungsraum der Menschen auf der Erde?
D: Ökumene

€ 2.000-Frage
Wo wurde Jesus Christus geboren?
A: Bethlehem

€ 4.000-Frage
Der katholische Priester sagt: „Der Herr ist mit euch" und die Kirchengemeinde antwortet: „Und mit deinem..."
B: Geiste

€ 8.000-Frage
Wie heißt Abrahams Sohn, den er Gott opfern sollte?
C: Isaak

€ 16.000-Frage
Womit kam die von Noah ausgeschickte Taube auf die Arche zurück?
B: Ölzweig

€ 32.000-Frage
Welcher Apostel war der Bruder des Petrus (= Fels)?
C: Andreas

€ 64.000-Frage
Im neuen Testament gibt es das bekannte Gleichnis von...
B: Senfkorn

€ 150.000-Frage
Wie bezeichnet man in der katholischen Kirche das „Ave Maria" noch?
C: Englischer Gruß

Lösungen

11.4 **Test 3:** Das Christentum

1.

1. Dein Wille geschehe, unser tägliches Brot gibt uns heute, vergib uns unsere Schuld
2. Nur Jesus Christus
3. um sich an die Sündenbefreiung durch Jesus zu erinnern
4. Liebe deinen Nächsten wie dich selbst!
5. Noach, Kain, Joshua
6. Johannes, Petrus, Matthäus
7. Advent bedeutet Ankunft
8. Durch die Taufe
9. Kapelle, Kirche, Kathedrale, Dom...

12. Markus, Matthäus, Lukas, Johannes

12 ISLAM

1.

„Fünf Säulen des Islam“	Schahada – Salat – Zakat – Saum – Haddsch.
Sunna	Handlungsweise des Propheten, zweite Rechtsquelle nach dem Koran.
Kalif	Nachfolger des Propheten („vier rechtmäßige“, Omajjaden, Abbasiden, Fatimiden, Osmanen).
Hidschra	Flucht des Propheten Muhammad von Mekka nach Medina; Beginn der islamischen Zeitrechnung.
Suren	Korankapitel
Mekka	Heiligster Ort des Islam
Medina	Stadt des Propheten, zweitheiligste Stadt des Islam
Koran	Heiliges Buch des Islam
Moschee (Camii)	Gebetsraum
Minarett	Turm einer Moschee, von der der Muezzin zum Gebet ruft.
Imam	Vorbeter in der Moschee, Ehrentitel für muslimische Gelehrte.
Muezzin	Ruft fünfmal am Tag zum Gebet.
Kaaba	Zentrales Heiligtum im Hof der Heiligen Moschee von Mekka.

11.4 **Test 4:** Der Islam

1.

1. Glauben, Gebet, Fasten, Almosen, Pilgern
2. Ramadan
3. Volljähriger Muslim/Muslima
4. Schwangere/Stillende oder Reisende
5. Nein
6. Koran/Quran
7. Mohammad
8. Pilgerfahrt, jemand der den Hadsch absolviert hat
9. Bildet das „Haus Gottes“ in der Heiligen Moschee in Mekka/Saudi Arabien
10. Moschee

13 POLYTHEISMUS – Der Glaube an viele Götter

1. Individuelle Lösung

Lösungen

14 HINDUISMUS

1.

Samsara	Kreislauf der Wiedergeburten
Karma	Vorstellung, dass jede Handlung eine Folge hat, die auch in einem anderen Leben wirksam werden kann.
Brahman	Unendliche, unveränderliche transzendente Realität.
Vischnu	Urspr. vedische Gottheit, eine der wichtigsten Formen des Göttlichen, die sich in zahlreichen Gestalten inkarniert.
Nirwana	Austritt aus dem Kreislauf der Wiedergeburten (eine Art Paradies/Eden).
Shiva	Eine der wichtigsten Gottheiten des Hinduismus, verkörpert das Prinzip der Zerstörung.
Ganescha	Eine der beliebtesten Gottheiten im Hinduismus, elefantengestaltig.
Arier	Nomadisierendes Hirtenvolk aus Zentralasien, das nach Nordwestindien einwanderte.
Avatar	Körperliche Manifestation einer Gottheit, in Gestalt eines Tieres oder Menschen.
Yoga	Philosophische Lehre, die eine Reihe geistiger und körperlicher Übungen umfasst.

Ist der Hinduismus wirklich eine polytheistische Religion? = Es gibt polytheistische, monotheistische oder dualistische Strömungen.
Kann man zum Hinduismus konvertieren? = Nein, man muss als Hindu geboren sein.
Was symbolisiert der Punkt auf der Stirn? = Verheiratete Frauen tragen ihn obligatorisch, für unverheiratete ist es ein Segenszeichen.

15 BUDDHISMUS

1.

Achtteiliger Pfad	Zentrales Element der buddhistischen Lehre, vier der vier edlen Wahrheiten. Anleitung zum Gewinn der Erlösung.
Bodhisattva	„Erleuchtungswesen", das die Buddhaschaft anstrebt.
Amida	Name eines transzendenten Buddha
Zen-Buddhismus	Buddhistische Strömung, in China entstanden, vom Daoismus beeinflusst.
Dalai Lama	Religiöses Oberhaupt des tibetischen Buddhismus.
Mahayana	Eine der Hauptrichtungen des Buddhismus.
Lachender Buddha	Lachen symbolisiert Gelassenheit und Zufriedenheit mit sich selbst und der Welt.
Meditation	Spirituelle Praxis (Konzentrationsübungen).

16 Die Geheimreligion der DRUSEN

1. Individuelle Lösung

17 Fragen zum Thema Glauben

1. Individuelle Lösung

18 Religiöse Werte und Gefühle

1. Individuelle Lösung

19 BETEN – Verschiedene Gebete

1. Individuelle Lösung

20 ATHEISMUS – Was sind Atheisten und Agnostiker?

1. Individuelle Lösung

21 Alternative Religionen - Pastafarianismus

1. Individuelle Lösung

22 Tabuthemen: Umgang mit Sexualität im Kindesalter

1. Individuelle Lösung

Quellen- und Bildnachweis

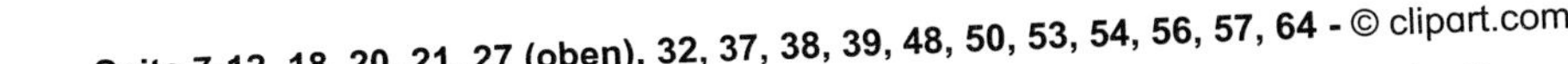

- **Seite 7-12, 18, 20, 21, 27 (oben), 32, 37, 38, 39, 48, 50, 53, 54, 56, 57, 64 -** © clipart.com
- **Seite 9-12:** Allgemeine Erklärung der Menschenrechte. Quelle: UN Department for General Assembly and Conference Management – German Translation Service. www.wikipedia.de
- **Seite 13:** Schülerarbeiten: Das Recht auf Leben, Das Recht auf Familie, Das Recht auf Privatsphäre - © Bandi Koeck 2015.
- **Seite 14:** Welche Kindermenschenrechte sind für mich am Wichtigsten? Vgl. UNICEF. www.wikipedia.de
- **Seite 14, 16, 17, 28 (unten), 34, 35, 50** © picsfive - fotolia.com
- **Seite 15, 29, 36, 40, 49, 55** © typomaniac - fotolia.com
- **Seite 16+17:** 10 Glückstipps für einen schöneren Alltag. Quelle: Sandra Nemetschke im Wann & Wo, Seite 19, 04. 03. 2015.
- **Seite 19:** Logo „Wer wird Millionär". © Wikimedia.org, © kanate - fotolia.com
- **Seite 20:** © Sabine Voigt - fotolia.com
- **Seite 20-21:** Übersicht der Religionen dieser Welt. © Wikipedia.org.
- **Seite 25-29** Judentum; **Seite 30-36** Christentum; **Seite 37-40** Islam; **Seite 42** Hinduismus und **Seite 43** Buddhismus. Quelle: Christian Spitaler sowie Religionen der Welt, Herausgeber Monika und Udo Tworuschka, Orbis- Verlag, München 1996 und Weltreligionen- Trautwein Lexikon, Edition, München 2003.
- **Seite 22:** Religiöse Symbole. © Wikipedia.org.
- **Seite 24, 42, 43** © skarin - fotolia.com
- **Seite 28:** © kanate - fotolia.com, © advisionlt - fotolia.com
- **Seite 35:** Christusikone, Katharinenkloster/Sinai (6. Jh.). © Wikipedia.org.
- **Seite 35:** Gottesmutter von Wladimir, Russland (Konstantinopel, 12. Jh.). © Wikipedia.org.
- **Seite 39:** Drei der sechs Minarette der Sultan-Ahmed-Moschee, Istanbul (vollended 1616). © Wikipedia.org.
- **Seite 39:** Mihrab in der Mezquita-Catedral de Cordoba, Spanien. © Wikipedia.org.
- **Seite 39:** Bild zur Veranschaulichung der Waschungen. © Bandi Koeck 2014.
- **Seite 40: Fotomontage** © niroworld - Fotolia.com (Poloroid Rahmen) + Impressionen aus Varanasi/Indien © Bandi Koeck 2014
- **Seite 44, 45, 46, 47, 51, 52:** © kanate - Fotolia.com
- **Seite 44:** Seit 1000 Jahren heiraten Drusen untereinander. Quelle: Israelnetz.de/Ulrich W. Sahm.
- **Seite 45:** Fotomontage © niroworld - Fotolia.com (Poloroid Rahmen)
- **Seite 49:** Niko Alm und der Pastafarianismus. Quelle: APA; derstandard.at, 12. 07. 2011.
- **Seite 50:** Polaroid © niroworld - Fotolia.com
- **Seite 51/52:** Umgang mit Sexualität im Kindesalter. Quelle: Die Welt, 26. 02. 2015.